徳 間 文 庫

空海さんの言葉

心がフッと軽くなる49の智慧

白 川 密 成

徳 間 書 店

はじめに

生活の中に空海の言葉を

本書は、二〇一二年に出版された（2015年文庫化）『空海さんに聞いてみよう。』の改訂版です。令和五年、御誕生一二五〇年を迎えた弘法大師《こうぼうだいし》空海《くうかい》（774〔宝亀《ほうき》五〕～835年〔承和《じょうわ》二〕）の言葉の中から、私達の人生や生活の中でも、身近に活かせる言葉を選びました。「身近」とはいっても、その言葉は人間関係の悩みに活かせるものから、私達の身心を見つめるきっかけになるもの、人の生死にまつわる言葉、仕事や生活のヒントになるものなど多岐《たき》にわたっています。

どれも短い言葉ですが弘法大師ほどの人物の言葉であれば、どのような小さな言葉の中にも、シンプルかつ重厚な意味が込められている、というのが本書を執筆した私の実感でした。そもそも普段、一二五〇年前の人物の言葉に触れること自体が稀《まれ》なことですから、それだけでも読者の皆さんにとって、不思議な安心感や手ざわりがあるのではないかと思います。

例えば、この本の中では、次のような言葉を紹介しています。「酔いに狂った人は、酔っていない人を笑い、ひどく眠りこける人は、さわやかに目覚める人を馬鹿にするものだ」「もし病人に向かって、病理学や薬学の本をいくら読んで聞かせても、体内の奥深くにある病源を根治することはできません」「起きてくることを生と名づけ、帰って行くことを死と呼ぶ」（すべて現代語訳）こういった言葉を空海が残しているのです。どの言葉も現代だからこそハッとする言葉でした。ぜひ、先入観なしに触れてみてください。

本書の構成について

空海の言葉を紹介するにあたり、まず最初のページで「お大師さんなら、こんな質問に、こういう風に答えてくださるかな」という私の考えた〃問答〃を、掲載しました（紹介する言葉を基に書いています）。そしてその左隣のページに実際の言葉の現代語訳と、原典となる漢文の書き下しを掲載しています。

そしてそれに続き、言葉についてのちょっとした解説や、「生活の中でどのように活かすか」というテーマの文章を見開きで掲載しています。

「空海さん」というタイトルについて

空海のことは、「弘法大師」という朝廷からの諡号《しごう》（贈り名）でお呼びしたり、「お大師さま」「空海上人《しょうにん》」など様々な敬称や呼称が使われています。今回、歴史上の人物でもある大師を身近に親しみを持って、リアルに感じて頂くために、一般的ではない「空海さん」とあえてお呼びさせて頂きました。人によっては、失礼だとお感じになるかもしれません。しかし今まで、弘法大師に出会ったことのなかった人達が言葉に勇気を頂き、生きる糧《かて》とすることのきっかけになればと思い、そのような題名をつけるに至りました。また説明のために、時に「空海」と記述することもお許しください。

意味のわかる空海

私が住職をつとめる四国八十八ヶ所の巡拝は近年、外国人のお遍路さんの数が増えています。大自然の中で弘法大師と縁の深いお寺をお参りし（海外の人は歩く方が多いです）、納経帳《のうきょうちょう》に印を頂き、地元の皆さんと触れあう喜びから、各国の新聞や雑誌、ウェブサイトで取り上げられることもしばしばです。

ある日本語教師のアメリカ人が、私が住職をつとめる栄福寺を訪れた時、「この本は私にとって、はじめての〝意味のわかる〟空海についての本だった。ぜひ英語に訳して欲しい」と言ってくれたことがありました。

また日本の大学で宗教学を教える先生が、若い学生になんとか空海に興味を持ってもらうために、この本を紹介していると、伝えてくれたこともありました。皆さんにとってもこの本が、思い入れのある一冊となることを願っています。

今回の改訂にあたり各章一篇ずつ言葉を書き下ろし、全体の文章も、今の自分自身の感覚に合わせて可能な限り加筆修正をしました。

空海さんの言葉　心がフッと軽くなる49の智慧

目次

地の章

あなたと私をつくる言葉

水の章 こころにうるおいをあたえる言葉

火の章

エネルギーを受けとる言葉

風の章 人生を前に進める言葉

空の章

宇宙と仏、そして生死の言葉

本文デザイン　アルビレオ

地の章

あなたと私をつくる言葉

見えにくいのは誰ですか?

自分です。

あまりに近いためにかえって見えにくいのは自分の心である。

——近くして見難きは我が心。

弘法大師 空海『秘《ひ》蔵《ぞう》宝《ほう》鑰《やく》』

自分の心はよくわからない

「自分のことはわかっているよ」

ついつい普段はそう思ってしまいますが、じつは一番知っているようで、あまりよくわからないものが「自分の心」だと言われると、なんだか納得してしまいました。

「近くにあって、見えにくい」というと、少し矛盾した表現にも聞こえますが、たとえばビデオカメラでズームアップし過ぎて、何が映っているかわからなかったり、顕微鏡で細胞の拡大図を見ても、いったい何が映っているか(イカなのか、植物なのか)想像できないことなどは、たまに経験をすることがあります。「自分」というのは、時にそういう「近過ぎる」存在でもあるのでしょう。

その「見えにくい」自分の心を、まずは「見えにくいものだ」と再認識して、今までよりも丁寧に観察したり、他の方法を考えたり、あえて距離をとってみる、そんなことから始まることもあるのではないでしょうか。考えてみると、近いものは他にも「見えにくい」ものです。「近くして見難きはわが子供」「近くして見難きはわが友人」。ピンと来た人も少なくはないはずです。

古い仏典に「心は、動揺し、ざわめき、護り難く、制し難い。英知ある人はこれを直《なお》くする。——弓矢職人が矢柄《やがら》を直くするように」（『ダンマパダ』三三）という言葉があります。そもそも「心」はコントロールが難しく「自分の心」はなおさらのようです。しかしその「心を修める人」が、仏の教えの「英知ある人」。おぼえておきたい言葉です。

自分の心をそっとのぞいてみましょう。

答えを知っているのは、誰ですか？

あなたです。

心の理趣（真理の道）を求めるならば、
それはあなたの心の中にあり、
他人の体の中に求めることは無用である。

若《も》し心の理趣を覓《もと》めば、汝《なんじ》が心中に有り、
別人の身中に覓むることを用ゐず。

弘法大師 空海『続《しょく》遍《へん》照《じょう》発《ほっ》揮《き》性《しょう》霊《りょう》集《しゅう》補《ほ》闕《けつ》鈔《しょう》』巻第十

じっくりと自分に聞く

人と出会い影響を受け、尊敬の念を持つことは多くの場合、「よいこと」であると思います。しかし、たくさんの人たちがさまざまなメディアを通じて情報を発信する現代、思わず誰かの「借り物」の言葉で語り、考えることが多くなってはいないでしょうか。弘法大師のこの言葉を胸においてじっくり考えてみると、ついつい私自身も尊敬する人の言葉に頼り、「自分が本当に感じたこと」を、丁寧に時間をかけて言葉にすることがおろそかになっていることが、少なくありません。それが癖になると、無意識で「自分がなにを感じているか」ということさえも、わからなくなります。

仏教にはさまざまな教えの種類がありますが、その根底には、日常、私たちが普通に感じている「私」というものへの「疑い」の目線があるように感じます。「私」というものは「幻のようなもの」という教えを受けたこともあります。ところがこの「私」というものを、大切に用いる智慧《ちえ》も同時に示されるのです。

「たとい他人にとっていかに大事であろうとも、(自分ではない)他人の目的のために自分のつとめをすて去ってはならぬ。自分の最高の目的を知って、自分のつとめに専念せよ」(『ウダーナヴァルガ』第二三章一〇)

「私」なるものの不確かさを感じながら、同時に人生のドライバーのような存在が「私」であることも忘れたくはありません。

他人の言葉を借りて語る前に、そっと自分の心が本当に感じていることを、見つめてみましょう。いつもより時間がかかるかもしれません。また時には、間違いがあったり、不格好でも構いません。

人はなぜ生きているのでしょうか？

ごはんを食べているからです。

人たる者はぶらさがっているにが瓜《うり》ではないとは
孔子《こうし》の格言であり、
人はみな食によって生きる者であるとは
釈尊《しゃくそん》の説くところである。
したがって、その道をひろめようと思うならば、
必ずその人々に飲食を与えねばならぬ。

夫《そ》れ人は懸瓠《けんこ》に非《あら》ずといふは孔丘《こうきゅう》の格言なり。
皆食《し》に依つて住すといふは釈尊の所談なり。
然《しか》れば則《すなわ》ち其の道を弘めんと欲《おも》はば
必ず須《すべから》く其の人に飯《はん》すべし。

弘法大師 空海『続《しょく》遍《へん》照《じょう》発《ほっ》揮《き》性《しょう》霊《りょう》集《しゅう》補《ほ》闕《けっ》鈔《しょう》』巻第十

私たちは食事によって生きている

空海が創建した学校である綜芸種智院《しゅげいしゅちいん》に関する文章の中で、学校において師と弟子に食料が必要であることを記した部分に、記載された言葉です。どんなに志が高く勉学に燃えていても、身体を保つための食事が十分でなければ、精神的な心の修行も知識の習得もままならないということでしょう。何げない記述のように見えて、とても大切な仏教の考えを伝えていると思います。

「このように極度にやせた身体では、かの安楽はえ難い。さあ、私は食物である乳糜《にゅうび》をとろう」（『大サッチャカ経』）という仏典に描かれたミルクを口にするブッダ（釈尊）の姿を思い浮かべました。仏教の教えにとってとても大事なシーンです。ブッダは、快楽にふける生活からも、身体を痛めつけるような極端な修行主義からも距離をとりました。そこに仏教の特徴のひとつがあります。

高度な勉強や難しい仕事など、人から「いいこと」だと評されるようなことをしていると、ついつい我を忘れてそのことに没頭してしまいがちです。そして、自分が「なぜ」生きているかを忘れてしまうことがあるでしょう。

私たちは、毎日の食事によって身体を育《はぐく》み、生きている。意識的に思い出してあげないと、意外と忘れていることかもしれません。また「食事」というテーマだけでなく、シンプルに根本に戻って「なぜ」と考えることの大切さを伝えてくださる言葉です。

私の願いは人とは違うようです……。

星だって、それぞれ違います。

そもそも箕星《きせい》という星は風を好み、
畢星《ひっせい》という星は雨を好むという。
（星ですらこのようであるから）
人の願いが同じでないことは言うまでもない。

夫《そ》れ箕星《きせい》は風を好み、畢星《ひっせい》は雨を好む。
人の願《ねがい》同じからざること亦復《またまた》此《かく》の如し。

弘法大師 空海『遍照《へんじょう》発揮《ほっき》性霊《しょうりょう》集《しゅう》』巻第四

星に願いを

「夫《そ》れ箕星《きせい》は風を好み、畢星《ひっせい》は雨を好む」は、中国の古い書物に見られる言葉で、とてもリズミカルで、口にして気持ちのいい言葉です。あなたがもし学生や新入社員であれば、「みんなちゃんとやってるよ。あなたもしっかりして」なんて言われてしまったら、「先生（課長）！　〝箕星は風を好み、畢星は雨を好む〟であります」と言ってみるのもいいかもしれません（「やかましい」と言われても後の責任は負いませんが……）。

箕《き》や畢《ひつ》はそれぞれ二十八宿（※）のひとつで、箕は風の神との関わりが深いとされ、畢は「雨を好む」という言葉どおり、〝あめふりぼし〟とも呼ばれます。古い言葉を読んでいると、そういった古い文化、知恵に触れられることも大きな楽しみです。「人は、それぞれ違うんだよ」と強い調子で言われると、少し身構えてしまいますが、「星にそれぞれ願いがあるように、私たちの願いもそうです」

と伝えられるとなんだかロマンチックな気持ちになります。

「肩がしっかりと発育し蓮華《れんげ》のようにみごとな巨大な象は、その群《むれ》を離れて、欲するがままに森の中を遊歩する。そのように、犀《さい》の角のようにただ独り歩め」

(『スッタニパータ』五三)

仏典の〝ブッダの言葉〟も、私たちが時には、群を離れて「ひとり」であることを勇気づけてくれます。

もし、あなたの「願い」が「人とは違うもの」であったとしても(だからこそ)、そのことを大切にしてみてください。そして「誰か」(例えば友人や親や子供)の願いが、自分とは違っていたとしても、そのことに慌てないでください。簡単なことではありません。しかし、取り組む価値のあることです。

※黄道に沿って、天球を二十八に区分し、星宿(星座の意)の所在を明瞭にしたもの。

弘法大師は、やっぱり筆を選びませんよね？

選びます。
製作もさせて吟味します。

技術のすぐれた職人は利《き》れる刀を用い、
文字を巧みに書く人は必ず良筆を用いるものである。

良工は先《ま》づ其《そ》の刀を利《と》くし、
能書は必ず好筆を用う。

弘法大師 空海『遍照《へんじょう》発揮《ほっき》性霊《しょうりょう》集《しゅう》』巻第四

道具を選ぶ

「弘法筆を選ばず」といえば、「弘法」を用いたことわざとして、とてもポピュラーな存在で、もちろん「弘法大師のように文字を書くのが上手な人は、筆を選ばない。つまり本当に技術の高い人は道具を選ばないものだ」という意味ですよね。しかし、その言葉とはまったく逆の言葉を弘法大師が残されていることに気づきました。

この言葉は、皇太子時代の淳和《じゅんな》天皇の命に従って、タヌキの毛でできた筆を弘法大師が筆工に製作させ、献上する際の手紙に出てくる言葉です。現代に目を向けても、優秀なスポーツ選手や演奏家、料理家などの大半が「道具」にこだわり抜き、多くの場合、熟練の名人である職人をパートナーとしていることが多いです。私たちの生活においても、何かがうまくいかないなと思うとき「道具」の選択を今まで以上に大切にしてみたり、物事を始めるとき、「物」にもこだわってみるのも、いい方法です。熟練した人達こそ、物である道具の大切さを知っています。「技術」と「道具」の〝両方〟が大事なわけです。

「正しいさとりを開き、つねに幸《さち》あり、瞑想《めいそう》に専念している思慮ある人々は、世間から離れた静けさを楽しむ。神々でさえも、かれらを羨《うらや》む」（『ウダーナヴァルガ』第二一章九）

この仏典にもあるように、仏教において修行に適した場所は多くの場合「世間から離れた静かな場所」とされます。弘法大師もこの手紙の中で、「すぐれた物を用いる」ということとともに、「〝適した〟物を用いる」ことについて言葉を続けています。単に高価であったり世間の評価の高いものを探すのではなく、状況に適した、あなたに合った物を吟味してみてください。

そして人間の「体」も、ある意味では、大切な「道具」のひとつです。しっかりメンテナンスし、今よりも大切にしてみてください。体はあなたにとって、書道における、筆のような存在です。

言葉や形で、〝本当のこと〟は表現できますか？

本来、違うものですが、
それらを使わなければ、
表すことができません。

真理はもとより言葉を離れたものですが、
言葉がなくてはその真理を表すことができません。
普遍的な真実は色・形あるもの（物質的存在）を
超えたものですが、
色・形あるもの（物質的存在）を通じてはじめて
真実を悟ることができます。

法は本《もと》より言《ごん》なけれども、
言にあらざれば顕《あら》はれず。
真如《しんにょ》は色《しき》を絶すれども、
色を待つてすなはち悟る。

弘法大師 空海『請来目録《しょうらいもくろく》』

「限界」と「できること」を同時に考える

弘法大師の「仏教観」や大師が日本にもたらした教えである密教《みっきょう》の思想をよく表した大切な言葉です。この本ではあえてより私たちの生活に結びつけて、考えてみましょう。

「言葉では、伝わらない」という表現をよく耳にします。面と向かって言われると「うん、そうだなぁ」と、思わず納得してしまいます。

しかし、じっくり冷静に考えると「言葉」について正確には語っていないように感じるのです。つまり「言葉」についてすべてを否定するような言い方は、「言葉」の持つ大きな力からすると、〝もったいない〟ように思います。

この言葉の中で空海は、「真理」と呼ばれるような深い場所にある「本当のこと」は、本来言葉とは違うものだけれど同時に言葉にしなければ、それを表すこともできない、と語っています。

言葉の限界を知りながら、言葉だからできることを知る。この考え方は、弘法大師が「色や形あるもの」というテーマに話を展開させていることからわかるように、あらゆることにつながった考え方です。様々な存在の「限界」と「できること」を知る。何度も思い出す言葉です。

「言葉」や「物」は、たしかに万能ではありません。しかし、それだからこそできることに目を向けてみましょう。またあらゆる事柄(例えば「あなた」や「私」)においても、〝それだからできること〟があるはずです。

あまりにもろくでもない日々が続いています。

出会うものは、
すべて宝となり得る。

心が迷いにとざされているときは、
めぐり合うものはすべてが不幸なできごとであり、
さとりの目を明らかに見ひらいていれば、
会うものはすべて宝となる。

心暗きときは即《すなわ》ち遇《あ》ふ所悉《ことごと》く禍《か》なり。
眼《まなこ》明らかなれば則《すなわ》ち途《みち》に触れて皆宝《たから》なり。

弘法大師 空海『続遍照発揮性霊集補闕鈔《しょくへんじょうほっきしょうりょうしゅうほけつしょう》』巻第八

「自分の心」がつくり出している

今、向かい合っている人や物、状況を、自分は知らず知らず「正確」に見ているものだと思いこんでしまうことがあります。しかしよく考えてみると自分の心の状態によって、同じものがまったく違う存在に見えているはずです。
たとえば、機嫌のいいときであれば笑いながら受け流すことができる言葉も、なんとなくイライラした気分のとき、猛烈に頭にきたり傷ついてしまうことは、多くの人にとって経験のあることでしょう。また恋愛をすると世界がキラキラと輝いて見えることがあります。

私たちが経験するすべてのことは、「実際に起こっていること」と「私の心」のコラボレーション（共同作業）です。だから、「私の心」の側を少しでも変化させることで、同じと思われた事柄、風景、人物が変わりはじめます。その「変化」を〝楽しむ〟〝味わう〟ような好奇心は、意外に仏教的な心と言えます。

この弘法大師の言葉のように「さとりの目を見ひらく」ことは、誰にとってもとても難しいことであったとしても、「うれしい」ことや「イヤ」なできごとは、ある意味で心という「動いている視点」が自らつくり出していると考え、同じことに対して平静に落ちついて対策を講じたり、ユーモアで返したり、あえていつもより動じずにいてみる。もちろん口で言うほど簡単なことではありませんが、そんな行動を思い浮かべさせる言葉です。そうすることで、見えてくる「宝物」を探してみましょう。

単に「落ちついた心でいよう」と心に決めるだけではうまくいかない場合、どういった状況で、「そういう心で自分はいられることが多いか」を考えて、やってみてください。それは、「とにかく好きなことをしているとき」や「運動をした後」「深呼吸や瞑想をした日」「誰かに優しくできたとき」など、人によって色々とあるでしょう。

〝私〟って何ですか？

〝私〟も〝あなた〟も、
すべて消え去ってしまう
場所がある。

「正しいこと」も「正しくないこと」も
等しく如来《にょらい》の説法であり、
他人と自分の区別は消え去ってしまう。

是非《ぜひ》　同じく説法なり
人我《にんが》　倶《とも》に消亡す

弘法大師 空海『遍照発揮性霊集《へんじょうほっきしょうりょうしゅう》』巻第一

〝分ける〟ことのできない世界

私たちが生きている日常世界では、色々な対極的なことを、きっちりと〝分ける〟場面が多いです。それは「正」と「悪」、「心」と「身体」、「生」と「死」、「見える」ものと「見えない」ものなど、あらゆるものがそうでしょう。それらを、きっちり分けて考えないことには、スムーズに生活や仕事を進めることが困難に思えます。

しかし、ここでいったん足を止めて、腹の底から感じてみましょう。そういった分別は、自分たち自身が作り出しているに過ぎないということをです。ここで弘法大師は、「正しいこと」も「正しくないこと」も「如来の説法」だと言われ、他人も自分もない世界を示唆します。普段、あらゆることを「合理的」に「両極端」に〝分けて〟考える私たちの思考回路がすべてではないと頭が広がったり、ゆるんだりしていることを感じました。

「『わたしには、子がいる。わたしには財がある』と思って愚かな者は悩む。しかし、すでに自分が自分のものではない。ましてどうして子が自分のものであろうか。どうして財が自分のものであろうか」（『ウダーナヴァルガ』第一章二〇）
「すでに自分が自分のものではない」
仏典と弘法大師の言葉を並べて耳を澄ませると、仏教が持つ鋭い存在論と生活の知恵が織り混ざった雰囲気に包まれます。忙しい日常の中でふと、そんなことも感じ、考えてみたくはないでしょうか。
物事を「分けて」とらえることは、生活に必要な場面が必ずあります。しかし時には、あらゆるものが融け合った他人と自分の区別のない世界を思い浮かべてみましょう。

「いつ」が大事な時ですか?

「いつも」大事なのです。

歩いている時も坐っている時も、
そこがそのまま修道の場に変わる。

若しくは行、若しくは座、道場即ち変ず。

弘法大師 空海『遍照《へんじょう》発揮《ほっき》性霊《しょうりょう》集《しゅう》』巻第二

普段の日常に注目しよう

弘法大師が、師の恵果阿闍梨《けいかあじゃり》の死に際して、その徳を讃《たた》えた文章の中に出てくる言葉です。お堂の中で、修行をしている時だけでなく、ただ歩いている時であっても、そこが仏道修行の場に変わるほどの人物であったとしています。

これは、もちろんたぐいまれな高僧の姿でありますが、私たちもひとつひとつの「日常生活の大切さ」を知る言葉になります。何か目標があったり、やり遂げたいことがある時、また心や身体などの調子が今ひとつの時、「あること」に関わっている時間だけを重視して、他の日常では、特に気に留めないことも多いのではないでしょうか。

しかし、考えてみると「すべての時間」は、繋がっています。食事の時間であったり、テレビを見ている時間、人と雑談をしている時、睡眠など、何げない日常の送り方、姿勢、心の持ちよう、環境にいたるまで、今までよりも少し注意してみてください。

空海は、別の文章の中で、「転輪聖王《てんりんじょうおう》の妙薬も粗末に扱えば毒となるし、大日如来の教えも非難して守らなければ災いとなるのだ（現代語訳）」という意味の言葉も残しています。〝同じこと〟であっても、「粗末に扱うか、丁寧に扱うか」、「知っているだけか、守るか」で、まったく逆の結果を招くことがあります。普段、見落としがちになっている生活のいくつかに、粗末に扱っているような点はないか、目標が言葉だけになっていないか、こちらも少し点検してみてください。

こういったことは、広い意味での「習慣」の話に繋がります。当然ですが、いい習慣は、いい習慣をさらに強化し、悪しき習慣は、悪しき習慣をどんどん深めます。小さなことからでも、日常生活のなかに「よき習慣」を取り入れてみましょう。例えば自分のできる範囲で、「人には基本的に親切にする」などでも、立派な「いい習慣」ですよ。

自分を磨くにはどうすればいいですか?

時間をかけなさい。

自己を磨《みが》きぬけば、
他人のための行に応じることができますが、
そのためには時間を積まねばなりません。

澄瑩《ちょうえい》して物に応ずること
時に非ざれば能《あた》はず。

弘法大師 空海『続遍照《しょくへんじょう》発揮《ほっき》性霊《しょうりょう》集補闕鈔《しゅうほけつしょう》』巻第十

利他は難しい

仏教、とくに大乗仏教《だいじょうぶっきょう》においては「他人のための行為」をとても大切にします。しかし仏教においても、日常の生活においても、「他者を利することの難しさ」をいつも念頭においておくべきだと自戒を込めて思いました。「利他《りた》（他者に利益を与えること）の行為」は素晴らしいことではありますが、ある意味での〝恐さ〟を持ったものであると感じることがあります。「自分はいいことをしているのだ」という気持ちが、どこか高慢な言動や態度ににじみ出てしまうことがあるからです（それは時に、私やあなたの姿かもしれません）。

これは、利他の行為がある種の「悪い側面」を持っているというのではなく（もちろん！）、うぬぼれず素直に、他者を上手に助け与えることができるのは、自分を磨きぬけた後である、ということでしょう。そして、自分を磨くには「時間をかけること」。「利他」のためには「積み重ねる時間が必要」という弘法大師の言葉が胸に響きます。

初期の仏教と空海の思想を比べると、その特徴の〝違う〟部分に目を奪われることも少なくありません。しかしたとえばこのような仏典の言葉があります。

「先《ま》ず自分を正しくととのえ、次いで他人を教えよ。そうすれば賢明な人は、煩《わずら》わされて悩むことが無いであろう」（『ダンマパダ』一五八）

時代は違えど、この〝ふたつの言葉〟が声を揃《そろ》えることにも私はむしろ目を向けてみたいです。

まず「自分」を磨き、ととのえましょう。それは日々の積み重ねの中で起こることのようです。

水の章

こころに
うるおいを
あたえる言葉

すべてが正直に写し出されたものなど、
あるのでしょうか？

たとえば池を見てごらん。

鏡のような池は私情がないから、
あらゆる物質的存在は
逃れられず写し出される。

池鏡私無く、万色誰か逃れん。

弘法大師 空海『遍《へん》照《じょう》発《ほっ》揮《き》性《しょう》霊《りょう》集《しゅう》』巻第二

時には池を「先生」に

空海の生涯や思想を、今、知り得る範囲で著作や伝説から見渡したときに〝自然〟という存在は、とても大きな存在です。空海が若き日に、山野を駆けめぐり修行したことは、自らが記していることですし、著作の中にも、美しく大いなる自然への敬慕の言葉がいくつも見られます。また京都という「都市」の中で、確固とした地位を築きながら、その後高野山という静かな深い山に修行の場所を求めました。

この言葉の中で「鏡のような池は私情がないから」と表していることは、とても大切なポイントです。その「私無く」の世界は、私情をなくして他者を助けるというような道徳的な意味のみではなく、仏教の存在論、世界観をとてもよく表しています。

ここでは「私無く」の〝先生〟や〝ヒント〟として、「鏡のような池」が登場します。池は、自分の自由な意志で（おそらく）考えを意図的にねじ曲げたり、動きを変えたりすることができません。それは、ほとんどすべての自然に言えることですが、人間の場合「心の底から自然」な会話や動きができることは、むしろ稀《まれ》なことです。

そんな日常の中で、森を歩いたり、ビルの谷間からのぞく空の雲の動きを見上げて、あらゆるものが写し出された「私無き世界」をしばらく眺め、感じ、耳を澄ませる。自然を自分にとって大切な師とする。それは、時にとても大切な〝修行〟になるでしょう。

定期的に、ただ自然に触れて、時間を過ごす習慣を持ってみましょう。大がかりな体験ばかりでなく、朝や夜に少し風にあたる。星を眺める。草むらにすわる。チャンスは日々の様々なところにあります。

人を送るとき、何を贈りましたか？

言葉を贈りました。

人を送るときに言葉をはなむけとすることを、
昔の人も述べている。

——人を送るに言を以《もっ》てするは、古人も之《これ》を道《い》へり。

弘法大師 空海『遍照《へんじょう》発《ほっ》揮《き》性霊《しょうりょう》集《しゅう》』巻第三

「言葉」にしかできないこと

空海が陸奥《むつ》の国の鎮守府《ちんじゅふ》に赴任する親しい役人に対して、贈った詩に添えられた手紙の中で登場する言葉です。この『昔の人』とは老子《ろうし》のことで『孔子家語』の中での、老子の言葉「富貴の者は人を送るに財を以《もっ》てす。仁者は人を送るに言を以てす」から引用されていると考えられています（『弘法大師 空海全集』今鷹真注釈より）。

重大な出来事や自然災害が起こると、私たちは「言葉」を使って語りかけながらも、言葉によって考え、伝えることの無力さを痛感させられます。しかし、そのようなときであっても私はいつも「自分自身が言葉に力をもらい、助けてもらった」経験を忘れたくはないと思います。そしてそれが、「誰か」にとってもそうではないかということを想像します。

「言葉」には多くのできないことがある。しかし私たちが人間であるうえで、とても大切なこと、「言葉」にしかできないことが「言葉」にはできる。そんなことをこの言葉から思い浮かべました。

「自分を苦しめず、また他人を害しないことばのみを語れ。これこそ実に善く説かれたことばなのである」(『スッタニパータ』四五一)

仏典の言葉に触れ、自分自身の生活を振り返ると反省することばかりですが、言葉の持つ「素晴らしさ」、そして人を深く傷つけ得るという「恐《こわ》さ」についてあらためて大切にしたいと思いました。

「言葉」は誰かを心から励ましたり、自分を芯から勇気づけることだってある。そのことを思い出した言葉です。

道に迷ったとき、どうしましたか?

なんども泣きました。

仏弟子たるわたくし空海は、仏にならんとする心をはげまし、
すべての根源である仏の境地にたどりつこうと願っているが、
たどるべき道を知らず、いくつもの道のいずれを択《えら》ぶかに迷い、
いくたびとなく涙にくれた。

弟子空海、性薫《しょうくん》我《われ》を勧《すす》めて、
源《みなもと》に還《かえ》るを思《おもい》と為《な》す。
径《けい》路《ろ》未《いま》だ知らず。
岐《ちまた》に臨んで、幾たびか泣《な》く。

弘法大師 空海『遍照発揮性霊集《へんじょうほっきしょうりょうしゅう》』巻第七

弘法大師の涙

空海の言葉の中でも、とてもよく知られた言葉です。弘法大師というおそらくは強靭《きょうじん》な心の持ち主であっても「人生の分かれ道」のような場面で、どの道を選んでいいかわからず、思わず涙を流して泣いていたと知ると、私たちが時に涙がこぼれるような悲しくつらい思いに遭遇するのは、当たり前のことだと、どこか勇気にも似た感覚を持ちました。

この文章の中にある言葉も、さまざまな思いを想起させてくれるものです。たとえば「源《みなもと》に還《かえ》る」という言葉をここでは、「すべての根源である仏の境地にたどりつく」と現代語訳されていますが（金岡照光訳）、書き下し文をそのまま胸の中にしばらく置き、空海の心の根っこにあるものが「源に還る」ことだとしばらくじっくり感じてみると、弘法大師の求めた安らぎ、心の状況が今までよりもリアルに迫ってくるように思いました。その思いとは「根源にかえっていく」そのようなものであったのでしょう。

「源《みなもと》に還《かえ》る」途中での弘法大師の涙。「幾たびか泣く」その姿にあなたは何を感じたでしょうか。そこには、私たちが生きるうえで避けては通れない苦しみ、そして「よろこび」のイメージがさんさんと輝いているようです。

「空海も泣いていた」弘法大師自ら語るそのことが、私たちを励ましてくれます。

頭の中も、身の回りも
いつも散らかってしまいます。

環境を整えるには、
心を清めなさい。
心を清めるには、
環境を整えなさい。

そもそも環境は心に従って変わるものである。
心が汚れていれば環境は悪くなる。
心は環境につれて動いて行くものである。
環境が静かであれば心は清らかとなる。
心と環境が自然と合致して、
万物の根源である道と
そのはたらきである徳とが
存在することになる。

夫《そ》れ境は心に随《したが》ひて変ず。
心垢《けが》るれば則《すなわ》ち境濁る。
心は境を逐《お》ひて移る。
境閑《しずか》なれば則ち心朗《ほが》らかなり。
心境《しんきょう》冥会《みょうえ》して、道徳玄存《げんぞん》す。

弘法大師 空海『遍照発揮性霊集《へんじょうほっきしょうりょうしゅう》』巻第二

環境と心は結びついている

このような具体的な言葉を、弘法大師が残していることに驚きます。ここでは、「まわりの環境」と「心」は、離れ難く結びついたもので、別々に考えられるものではないと語られています。

「環境」とひと口に言っても、さまざまなものがあります。周囲にいる友人、家族、生活や働く環境など、多くの「環境」に私たちは囲まれています（「境」は〃認識作用の対象〃という仏教語でもあります）。私もそうですが、その中で気に入らないものを見つけると、それを「その人」「そのこと」のせいにだけしてしまうことがあります。しかし、はたしてそれは正しい認識でしょうか？　そして、そのような思考方法が私たちを少しでも幸せにしてくれるでしょうか。多くの場合、そうではないことが多いようです。

「心が汚れていれば環境は悪くなる」弘法大師がそう語りかけるように、私たちひとりひとりの周囲を見渡してみると、本当にたくさんのことが、まるで合わせ鏡のような自分の影響により「作り出されたもの」であると感じることがあります。その「自分に似たもの」が気に入らないとしたら、そのことをむしろヒントにして解決方法、これから進むべき道を考えましょう。

そのためには〝まずは心の汚れを少し、掃除してみよう。すると環境は変化する。環境が整えば、相互効果でさらに心は清らかになっていく〟そんな声が聞こえてくるようです。言葉にするほど、簡単なことではありませんが、チャレンジする価値はありそうです。そして「心へのアプローチ方法」がわからなければ、まずは環境だけでも整えようとしてみる。それもいい方法です。

現代の僧侶の修行でも、多くの場合「掃除」が大切にされていることも、大切な意味があります。また「掃除が苦手」という人は（大きな声では言えませんが、私もそうです……）、「心」に着目してみるのも良さそうです。一緒にがんばりましょう！

天皇陛下への贈り物には何を？

みかんを贈りました。

小さなみかんを小箱に六つ
大きなみかんを小箱に四つ

小柑子《こうじ》六《む》小櫃《こひつ》
大柑子四《よ》小櫃《こひつ》

弘法大師 空海『遍照発揮性霊集《へんじょうほっきしょうりょうしゅう》』巻第四

粋《いき》なプレゼント

「えっ、こんな言葉、名言でもなんでもないじゃない」そう思うかもしれません。しかし、なんだかこのような何げない細かい記載に弘法大師の息づかいが聞こえてくるようです。

この言葉は、空海が別当を務めた京都乙訓寺《おとくにでら》でとれた柑子蜜柑《こうじみかん》（古くからあるみかんの一種）を天皇陛下に贈る上表文の中に出てくるものです。愛媛に住んでいる私としては、特産品の柑橘《かんきつ》類、しかもみかん（温州《うんしゅう》みかんでないとはいえ）をお大師様が贈り物に用いていることに、うれしさを禁じ得ません（しかも「星や玉に似て、そのもちまえは黄金である。そのかぐわしい味は供物の籠《かご》いっぱいに充《み》ちる。このようなたとえようのない珍味は～（現代語訳）」とべた褒めです。

この文章の中で弘法大師は、みかんの数は「千以上」贈りましたと記し、その千とは「千年に一度現れる聖天子（すぐれた知徳を持った君主）」のことですと書いています。贈り物もこれぐらい趣向を凝らすといただいたほうも思わず、笑みがこぼれるかもしれません。そして、天皇陛下への贈り物にもかかわらず「大」ばかりでなく「小」も一緒に贈っているところに、私は心動かされます。

このことで「小」なるものの役割の尊さを感じたり、「大」と「小」が一緒だからできることがある、と思い浮かべるのは深読みが過ぎるでしょうか。でも、私はそんな風に感じました。「大」きな存在と「小」さな存在がともに欠くことのできない、大切さを持っていることも想像してみましょう。

そして時に形式的になりやすい「贈り物」に、ちょっとしたアイデアを盛り込んでみましょう。

仏教って何ですか？

自分と他者を両方、利すること。

およそ釈尊の教えは途方もなく浩《ひろ》く、
限りなくはてしないものです。
ひと言でつくせば、ただ自利《じり》・利他《りた》の
ふたつの利益にあります。

それ釈教は浩汗《こうかん》にして際なく、涯《はて》なし。
一言にしてこれを弊《つく》せば、ただ二利にのみあり。

弘法大師 空海『請来目録《しょうらいもくろく》』

私とあなたが出会うところ

「〝仏教をひと言で言うと何でしょう?〟そういう質問をされて、困っちゃったよ……」お坊さんとお話ししていて、そんな話になることがたまにあります。しかし、うれしいことに、弘法大師が「ひと言」で仏教を表した言葉がありました。

この言葉によると、仏教（釈尊《しゃくそん》の教え）とは、「自利利他《じりりた》」つまり、自分と他人をともに利することを両立させることにあると説いています。「自分の利益」と「他者の利益」は、一致しないことが多いと感じる人も多いと思いますが、じっくり考えると、はたしてそうでしょうか?

他者にとって「うれしいこと」が自分にとっても「うれしいこと」であることが、丹念に探せばいくつも見つかるはずです。そしてその「うれしさ」は、とてもパワフルなうれしさです。たとえば美しい音楽を奏でる人がいて、その腕をさらに磨いたとしたら、その音楽を聴く人たちにも多くの〝利益〟が、与えられます。あるチベット僧の法話で、「自分と他者の人数を比べてみてください、他者のほうがずっと多いはずです。ですから、他者の幸せなしには、自分の幸せなんてあり得ないのです」と伝えられたことがあります。今までの自分の人生を振り返ると、偉そうなことはまったく言えませんが、智慧のある言葉だと感じました。

「一切の生きとし生けるものは、幸せであれ」(『スッタニパータ』一四七、部分抜粋)そんなストレートな仏典の言葉も聞こえてきます。

自分の「よろこび」と誰かの「よろこび」が、同時に成立することは、たぶんありますよね。

昔の人はなぜえらかったのですか？

お金と名誉以外のことを
考えていたからです。

昔の人は道を学ぼうとして利益を謀《はか》らなかったが、
今の人は書物を読むのもひたすら名誉とお金のためである。

古人は道を学んで利を謀《はか》らず
今人は書を読むも但《ただ》名と財のためなり。

弘法大師 空海『遍照発揮性霊集《へんじょうほっきしょうりょうしゅう》』巻第一

見返りを求めない智慧

弘法大師の生きた時代は、千何百年も前の時代ですが、そういった時代の人もやはり今と同じように「昔の人は……」ということを考えていたのだと思うと、なんだか興味深いです。

しかし、このシンプルな言葉をじっくり受け止めると、じつはとても大事なことを伝えられています。現代においても、多くの人たちの興味は「お金」と「名声」だけではないかと問われると、ドキッとしてしまいます。生活するための、そして楽しむための「お金」はとても大切なものです。しかし、時には損得勘定だけではない「道」も人間が気持ちよく生きるために大切なヒントになると諭されると、自分たちの生活や社会を少し、バランスのよいものに設定し直したい気分になりました。

ここでは、もう少し踏み込んで「仏の教え」と「見返り」について考えてみたいと思います。仏教においては、「慈悲」の精神からの行為が大事にされます。しかし、一般的にみて「いいこと」をしていると、無意識に「見返り」を求めてしまうことが、本当に多いのです。「いいこと」をしたから感謝してほしい、「いいこと」をしたからこんなことをしてほしい……。一度、私の法話を聞いた人から「私は、あなたの話を聞いてこういった慈悲を実行した。つきましてはあなたに、このようなことをしてほしい」と言われ唖然《あぜん》としたことがあります。

仏教における「慈悲」の行いは、必ず「見返り」を求めないことだと師から伝えられました。そのスタンスは私たち自身を、強く守ってくれるはずです。そして気が楽です。

名誉とお金が気になることは、どうしてもあります。しかし、時には、それを抜きにして、取り組めること、取り組みたいことにも目を向けてみてください。そこにも、たしかな「幸せ」の種があるようです。

厳しさの中に〝ゆるし〟は必要ですか？

ゆるしの中に咲く花がある。

春に生じ秋に枯れるというのは天道の道理である。
罪を罰し功績を賞《ほ》めるのは王者の常道である。
そのとおりなのではあるが、
冬の日々に暖かい日がなかったら、
梅や麦はどうして花を生ずることができようか。

春生じ秋殺《さっ》するは天道の理なり。
罪を罰し功を賞するのは王者の常なり。
然《しか》りと雖《いえど》も冬天《とうてん》に暖景《だんけい》無くんば
則《すなわ》ち梅麦《ばいばく》何を以《もっ》てか華《はな》を生ぜん。

弘法大師 空海『遍照発揮性霊集《へんじょうほっきしょうりょうしゅう》』巻第四

「ゆるし」で咲く花

この言葉が用いられる上表文（君主に奉る文書）は、その性格がとても興味深く「元興寺《がんごうじ》の僧中璟《ちゅうけい》が罪を赦《ゆる》されんことを請う表」という題名からもわかるように、何かしらの罪に問われた僧侶《そうりょ》のために、朝廷に対して弘法大師が筆をとっています。お大師様もなかなか大変ですよね。

「厳しさの中にも、必要な〝ゆるし〟がある。だからこそ咲くことができる花がある」というような考え方には、仏教の叡智《えいち》が詰まっていると感じました。現代社会の中にはもちろん「いい面」がたくさんありますが、個人的にはその中で不足しているのは、この「ゆるし」の態度のように感じます。

ひとつの罪、失敗を見つけると、もうその人が二度と立ち直れないぐらい個人も組織も総攻撃を加え、ネットワークにのってその情報が駆けめぐります。自分をかえりみても「ゆるす」ことは本当に難しいですが、この言葉をヒントに自分の生活を少し調整してみたくなりました。

「過ちをゆるして、その人に新しい出発を与えることを寛大といい、罪あるものをゆるし不正をも容《い》れてやる、これをすべてをゆるすというのである(現代語訳)」

空海さんはこう言葉を続けます。まるで現代を見据えているような内容ですね。

「ゆるし」という感覚をもっと育ててみましょう。

しかし、「空海も〝許し〟を大事にした。だから、あなたも私のことを許すべきだ！」と早合点するのは、本末転倒です。「許せない大事なこと」というのは、やはりあるのですから。

苦しいです。
楽になりたい。

人を自分のように
あつかってみてください。

他人を自分と同じように愛するということは
楽をうける原因となり、
大慈悲の心は苦を脱する源となる。

兼愛《けんあい》は受楽《じゅらく》の因、大悲《だいひ》は脱苦《だっく》の本《もと》なり。

弘法大師 空海『続遍照発揮性霊集補闕鈔《しょくへんじょうほっきしょうりょうしゅうほけつしょう》』巻第八

楽になるために

簡単なことではありませんが、「自分と同じように他人を慈《いつく》しむ（大切に思い、かばい守る。愛する）」ことの大切さが説かれています。やはり、「それが難しいんだよ」という言葉が聞こえてきそうです。ですので今回は、この言葉をヒントに、まずは「結果」から見ることを試してみましょう。つまり、それが自分自身に「楽」を与える原因となるということです。こういう視点からみたことは、あったでしょうか。

ほとんどの人間には、「楽」が欲しい、「苦」から逃れたいという思いがあります。そのために、人間はいろいろな試みを積み重ねてきたわけですが、その「楽」のヒントに、弘法大師はここで「兼愛」（自他や親しさの差別なく平等に人を愛すること）をあげています。

「仏心は慈と悲となり。大慈は則《すなは》ち楽を与へ、大悲は則ち苦を抜く」（仏心は慈と悲の二つであるという。大慈は人に楽《らく》を与え、大悲は人の苦《く》を抜くという）。また別の文章の中でも、弘法大師は仏教の基本にある「抜苦与楽《ばっくよらく》（苦を抜き楽を与える）」のために、「慈悲」の大切さを説いています。

現実的に、生活の中でなかなかこの「抜苦与楽」がうまくいかない時、いろいろな段階を試してみるのもおすすめです。ずーっと優しい慈悲の気持ちを持つことは自分には無理だけど、こういう時や場所では、人を大事にしたい、愛することができる。まずは、そういう「小さな時間」から始めることもいいでしょう。また「愛する」というと構えてしまうけれど、「親切にする」「邪魔しない」「攻撃しない」ならしっくりくる、という人もおられると思います。

そして、慈悲は「自分を殺す」ことでも、「誰かの無理なお願いをかなえる」ことでもありません。

忘れてはいけないことはありますか?

自分の心をじっと見つめること。

毎日一度は自分の心の宮殿を見つめよ。
自分の心は仏の三身《さんじん》のすみかである。

朝朝　一たび自心の宮を観ぜよ
自心は亦是《またこ》れ三身《さんじん》の土。

弘法大師 空海『遍照《へんじょう》発揮《ほっき》性霊《しょうりょう》集《しゅう》』巻第一

「受けとる」「発信する」ばかりでなく〃見つめる〃

弘法大師が繰り返し説く「〃仏《ほとけ》〃は、自身の心の中にあるものである」という言葉の中のひとつです（三身《さんじん》とは法身《ほっしん》、報身《ほうじん》、応身《おうじん》の三種類の仏の身体のことです）。この言葉の中では、だからこそ「毎日一度は自分の心の宮殿を見つめよ」と語りかけ、そのことは仏教や宗教の話を超えて、普段の私たちの生活にとって、とても大切なことです。

私も、おそらくみなさんと同じように「現代的な生活」と呼ばれるものから、たくさんのものを享受していますので（たとえば今文章を書いているパソコンもそうですね）、それを一概に否定することはできず、むしろ今にしかない技術や楽しみも大切にしたいと考えています。しかし、その中でも「注意しないとな」と考えることは、いくつかあり、その内のひとつは私たちが受けとり、発信する情報の量が今までの時代とは、比べることができないほど膨大になっていることです。

それは、インターネットやテレビ、携帯電話などさまざまなメディアなどによって運ばれ、ほうっておくと心が「受けとる」「発信する」ことばかりになって、気づかないうちに〝見つめる〟ということを忘れてしまいます。この見つめるという行為は人間の心にとって、じつは必要不可欠な存在であり、しかもある程度、意識的に行わなければならないことです。

弘法大師の言葉を頼りに、あなたなりの方法で心をじっと見つめてみましょう。

画面から目を離して、呼吸を整える時間を持つことを習慣にするだけでも、ずいぶん楽になることがあります。そして自分ばかりでなく、「誰か」や「なにか」のことも、時々、じっと見つめてみましょう。

火の章

エネルギーを受けとる言葉

こんな僕を活かせる役割はありますか？

ある。
曲がっているからこそ
ぴったり出会える
役割がある。

私、空海が聞くところによれば、
すぐれた職人が材木を用いるにあたっては、
木の曲直にしたがい、
無理することなく大きな家を造りあげるという。
聖君が人を使うにあたっても、その人の性質を奪うことなく、
その人に合ったところを得させるものである。
だからこそ、曲がったところもまっすぐなところも、
使用するにあたって失うことなく、
賢者も愚者も、その人の器《うつわ》次第で功績をあげるのである。

空海聞く、良工の材を用ふる、
其の木を屈せずして厦《か》を構ふ。
聖君の人を使ふ、其の性《せい》を奪はずして所を得しむ。
是《こ》の故に曲直《きょくちょく》用に中《あた》つて損ずること無く、
賢愚器《うつわもの》に随《したが》つて績《しょく》有り。

弘法大師 空海『遍照発揮性霊集《へんじょうほっきしょうりょうしゅう》』巻第四

その人だからできること

現代の宮大工の本を読んでいても、ほとんど同じような教えを目にしたことがあり、その「教え」が1200年続いてきていることにも、感銘を受けました。

仕事で指導的立場に携わる人たちや、子育て、クラブ活動などでも活かせる言葉です。人にはそれぞれ木と同じように、曲がった部分や極端にまっすぐな場所など、さまざまな性質があります。「人の特徴を〝変化させて〟」、役割に合致した動きを「させよう」とすることは、時にはリーダーの大切な役割であるでしょう。

しかし、いくつかの場合、それが思わぬ裏目に出ることがあります。ひとりひとりの人間は、機械ではなく生身の人間です。意識的にも、無意識でも自分の弱点や癖などに折り合いを付け、ある意味で愛していることも多いはずです。そして自分も含めて、そう人間は簡単に変われるものではありません。それならば、その曲がった部分や、直線の部分だからできることを、その人の性格や資質から「探す力」も、リーダーや親の役割、実力のはずです。

またこの言葉からは、「自分のできること、役割を知る」「時には、譲らず断る」というヒントも聞くことができます。この文章は、朝廷から責任ある役職を依頼された際の「断りの手紙」なのです。空海は、名誉ある多忙な公務よりも、静かな修行と経典研究に没頭する生活を求めました。

ここでは、「材木」というたとえ話とともに語られていますが、意外と空海がもたらした密教思想の核心のひとつを突いていると、私は考えています。「人、物事にはそれぞれ特質があり役割がある」。時に異なった宗教の神さえも排除しない曼荼羅《まんだら》の思想には、何度も励まされました。

力をかけて無理に動かそうとして、うまくいかない時、あえて力を抜き、自分や誰かの「そのまま」の特性を活かすような方法を試してみてください。そして「(ていねいに)断る」ことも、人生には必要です。

誰かの役に立つために、ヒントはありますか？

〝時〟があることを知ること。
そして心が動き出すのを待つ。

他人に利益を与える場合時機を失わず、
心に先入観を持たず素直でいて万物の動きにまかせた。

利他《りた》時有り、虚心《きょしん》物を逐《お》ふ。

弘法大師 空海『遍照《へんじょう》発揮《ほっき》性霊《しょうりょう》集《しゅう》』巻第二

タイミングとからっぽの心の力

とても示唆に満ちて、具体的なヒントのある言葉です。何かを始めようとするとき、とくにそれに「人」が関わっていて、しかもそれが相手の役に立ちそうなとき、私たちはあまり「タイミング」のことを考えないことがあります。

しかし、たとえその人のためのことであっても、相手には相手の状況がありま す。「私」にとって何げないときであっても、その人にとっては、すこぶる体調の悪い日かもしれないし、年に一度の家族との時間を楽しんでいるひと時かもしれません。

時に「何をするか」ということよりも、「いつするか」ということが、あらゆることにおいて大事なことがあります。これは、何か人生の扉を開けるような大きなチャンスでも言えることでしょう。続く言葉も私が大事にしている言葉です。「心に先入観を持たず素直でいて万物の動きにまかせた」というのが現代語訳ですが、漢文書き下し文の「虚心《きょしん》物を逐《お》う」というのは、鋭くリズミカルなイメージとともに胸に飛び込んでくる言葉です。

タイミングをはかるために、しっかりと論理的に考えることも大事ですが、ひとつの方法として表層的な思考をとっぱらって、心を素直にからっぽにすることで、あなたの心がむしろ躍動するように、大切なものを追いかけるのを待つ。私は、このようにこの言葉を感じています。人生の宝物になる迫力を持った言葉ですね。

特に人間関係において、適切なタイミングを大切にし、「先入観を持たない（虚心）」ということをヒントにしてみてください。

なぜ自分の思いを表現するのですか？

夜空に星座があるように、
それが自然なことだから、
そうせずにはいられない。

人が文章を書くのには必ず理由がある。
天が晴れわたっているとさまざまな天文現象を示し、
人が感動すると筆を含んで文章を書く。〈中略〉
道に迷う平凡な人間と聖者とでは人間が違い、
昔と今とでは時代が異なるとはいうものの、
人たるもの、心の悶《もだ》えを晴らそうとすれば、
詩文を作っておのれの志を述べずにおられようか。

文の起り必ず由《ゆえ》有り。
天朗らかなるときは(則《すなわ》ち) 象《しょう》を垂る。
人感ずるときは(則ち) 筆を含む。〈中略〉
凡聖貫殊《ぼんじょうつらこと》に、古今《こきん》時異《こと》なりと云ふと雖《いえど》も、
人の憤《いきどおり》を写す、
何ぞ志を言はざらん。

弘法大師 空海『三教指帰《さんごうしいき》』

ひとりの若者

私自身何度も思い出し、機会があれば人にも紹介し続けている大好きな言葉です。

弘法大師が、二十四歳のときに書かれた僧侶《そうりょ》になる出家宣言の著作といわれる『三教指帰《さんごうしいき》』の冒頭で登場します。若い頃に書かれたものだからでしょうか。円熟期、晩年には見られないストレートさがこの言葉にはあります。だからこそ、空海その人の息吹をリアルに感じることができますし、エネルギッシュな弘法大師の熱気もかいま見える言葉です。

空が晴れわたった夜に、満天の星座が現れ出るぐらい自然に、人の心が感動すると筆を持って「表現」や「創作」をし、自分の声を発してきました。中略した部分では、歴史上のさまざまな作家たちの名前を挙げています。

空海は、そんな昔の偉人たちと自分は違うのだけど、心の感動やもやもやしたものを抱えているならば、自分も詩や文章をつくり、その思いを記さずにはいられない、と心情を吐露しています。ここにいるのは、「聖者」「宗教者」としての空海というよりも、ひとりの純粋な目の輝きを持った若者の姿です。私たちは、そのような姿にむしろ励まされるような感覚を持ち、「自分も何かやってみようか……」というような高揚した気分を喚起させられます。

「自分の声を持つ」ということは、何も〝創作する〟ことに限ったことではないでしょう。

あなたの心の悶えを晴らす、正直な何かを発してみてください。

ものづくりや仕事のヒントを教えてください。

古いものをよく学び、
しかも真似《まね》で終わらないこと。

詩を作る者は、古い形式を学ぶことを
りっぱだと考えていますが、
古詩をそのままうつすことをよしとはいたしません。
書も同じく昔の人の意にならうことを
いいことだと考えていますが、
昔の人の書跡に似ていることを
出来がいいとはいたしません。
昔から能書家たちの書体が区別される理由です。

詩を作る者は古体を学ぶを以《もっ》て妙と為《な》すも、
古詩を写すを以て能と為さず。
書も亦《また》古意に擬するを以て善と為すも、
古跡に似たるを以て巧と為さず。
古振《いにしえよ》り能書百家の体別《こと》なる所以《ゆえん》なり。

弘法大師 空海『遍照発揮性霊集《へんじょうほっきしょうりょうしゅう》』巻第三

あなただけの方法がある（空海のクリエイション論）

プロとしてものづくりに関わっていたり、習い事を上達したいと感じている人、また仕事においてのレベルアップを目指している人など、多くの人に贈りたい言葉です。

ここで弘法大師は、詩や書の世界を例にとって、「古い方法や形式を学ぶことは、いいことだけど、それを写したり似せたりする場所にとどまってはいけない」と語りかけます。

たとえば職場で素晴らしい先輩に出会ったり、ものづくりにおいて好きな作品に出会うと、「その人のようになりたい、そんな作品を作ってみたい」と思うあまり、知らず知らず〝ものまね〟に終始してしまうことがあります。子供や人類の成長過程などを見ても、「まねる」ことは非難されるべきことではなく、むしろ上達の第一歩でしょう。

しかし空海は次の段階として、「学ぶ」「習う」ことと「写す」「似せる」ことをしっかり区別することの大切さを指摘しているように私には感じられるのです。

考えてみると、素晴らしい先人たちの方法や作品は、その人自身が、その人の心にちょうど合致するように編み出されたもので、あなた（私）には、あなたのためにもっとフィットするフィーリングや雰囲気があるはずではないでしょうか。ここで空海は、何も道徳的、倫理的なことを語っているのではなく、むしろ私たちの心がもっとよろこびを感じ、躍動するような「自由」を獲得するためのヒントを伝えているように感じるのです。そして、それが自分以外の「誰か」にもより深い感動をもたらすでしょう。

型を知り、基本を学ぶことは、とても大事なこと。その後は、むしろ自分の素直な心に寄り添うように、オリジナルな世界へ踏み込んでみましょう。

〝出会い〟には、長い時間が必要ですか？

そうとは限らない。
だからこそ瞬間、瞬間に
耳を澄ませよう。

人が互いに理解しあうのは、
対面して長時間語りあう必要があるとは限らない。
心が通じれば、車の蓋《ほろ》を傾けて語りあう出会いとなる。

人の相知ること、
必ずしも対面して久しく話《かた》るに在《あ》らず。
意通ずれば則《すなわ》ち傾蓋《けいがい》の遇なり。

弘法大師 空海『遍《へん》照《じょう》発《ほっ》揮《き》性《しょう》霊《りょう》集《しゅう》』巻第二

時には直感に耳を澄ませて

人と出会った瞬間、あるいは何かを見た途端、「ああ、これだ！」と直感的に感じることがあります。しかし「もっと深く考えなければ」と頭で考え、かえって先に進む時期を逃してしまったり、自分や相手の熱が冷めてしまうようなことも少なくありません。

弘法大師は、師である恵果阿闍梨《けいかあじゃり》に唐の長安で出会ったときの様子を文章で残しています。そこで恵果は、「私はあなたのことを長い間、待っていました。会うことができて、本当によかった。私の寿命は尽きようとしているのに、まだ法を伝えている人がいません。今すぐ、法の伝授の準備をしてください」という意味のことを空海に語ったとあります。

このことは何かを動かすときに、「スピード感」や「直感」も大事にしなければならないという教訓として、私たちも活かすことができます。もちろん、じっくり論理的に考えることの大切さは言うまでもありませんが、そうでない場面も、大いにあるのです。

書き下し文にある「傾蓋《けいがい》」という言葉は、孔子《こうし》と程子《ていし》が道で偶然出会い、車のきぬがさ（蓋）を傾けて、一日中話したという故事から成る言葉で、少し会っただけで古い友達のように親しくなるという意味です。

そういう逃したくはない出会いが人生には何度か、ありますよね。

「時間をかける」ことや「タイミングをはかる」ことの大切を知りつつも、時には「スピード感」や「直感」が必要です。

すべてが表現されているものは、ありますか？

どんな小さな細部にも、
すべてがあります。

あらゆる現象は一つの点の中に含まれる。

万象《ばんしょう》　一点に含み

弘法大師 空海『遍照発揮性霊集《へんじょうほっきしょうりょうしゅう》』巻第一

小さなものを見つめて

何げないひと言にみえて、仏教の教えに根ざした空海の大切な思想を垣間見る言葉です。人生や何げない生活の中でも「もっと見たい。違うものを見たい」と、ここにはないもの、遠くにあるものに意識が向かうことがあります。そして、それは時にとても大切な行動のきっかけになるでしょう。

しかし、この「世界のあらゆる現象が、ほんの小さな一点に含まれている」という言葉にヒントを頂いて、時には、いつもより時間をかけて目の前の「小さなこと」を見つめ、感じてみてください。「ああ、ここにもすべてがあった」そんな気づきが湧いて出てくることがあります。

弘法大師は、別の文章の中で、「法の流塞《りうそく》、只吐納《ただとだふ》に繋《かか》れり」（仏法が充分に流れ伝わるか、とどこおるかは、一にかかって、口に出して言うか、納めて言わないかの一点にある）という言葉も使っています。時に沈黙を重んじた空海ではありますが、同時に「自分の気づきを言葉にすること」に力を尽くした人物でもあります。そして、その「口に出して言う」ことの重要さを知っていました。

私たちも、自分なりの環境の中で、静かに一点を見つめる時、気づいたこと、感じたことを正直に言葉にしてみましょう。それは、自分ひとりに向けた言葉でも構いませんし、誰かに向かった言葉でもいいはずです。

笑われたり、非難を受けたら、
やめるべきですか？

むしろそういったものの中に
大事なものがあることが
多いのです。

酔いに狂った人は、
酔っていない人を笑い、
ひどく眠りこける人は、
さわやかに目覚める人を
馬鹿にするものだ。

痛狂《つうきょう》は酔はざるを笑ひ、酷睡《こくすい》は覚者を嘲《あざ》ける。

弘法大師 空海『般若心経秘鍵《はんにゃしんぎょうひけん》』

周囲の声に惑わされ過ぎず

現代に生活する私たちが目にしても、思わず大きく頷《うなず》いてしまう言葉です。実際、酒に酔った人は飲んでいない人をつかまえて「えー飲まないの、頼むよ。ははは」と笑い始めることがありますが、ここでは、もちろんたとえ話として語られています。そしてそこには人生においてとても大切なヒントがあります。

何かに気づいたり、何かを決心し、うれしくなって思わず人にそれを伝えると、少なくはない場合、それが稀少《きしょう》な意見や行動であればあるほど「そりゃ、おまえ話にならんよ」「絶対無理、やめておけよ。馬鹿だなぁ」という声がかかるものです。私などは、結構「人の声」が気になる性格なので、そう言われると「そうだよね。僕もそう思ってたんだよね」と情けなく笑い、あきらめてしまうことがあります。

しかし、この言葉が示すように「気づいていない人」や「わかっていない人」

の笑い声や悪口にかき消されるように、せっかくの「自分の声、気づき」を〝なかったこと〟にしてしまうのは、あまりにももったいなく、悲しいことだな、と感じました。もちろん、いつだって「自分が正しい」わけではありませんが、時には周りの声に振り回され過ぎず、足を進めてみたい。そんな気分にさせてくれる言葉です。ところで、「酔った人」や「馬鹿にする人」が時には自分かもしれない、という緊張感も持っていたいものですね。

今の時代、聞こえてくる「外野の声」は、さらに大きくなっています。「自分は、間違っているかもしれない」という慎重な心も大切ですが、非難されたり、馬鹿にされても、「やってみる」ことを大事にしてみましょう。

とは言っても、私は結構人の言葉が「気になる」ほうなので、最近、3つのマジック・ワードを大切にしています。それは、①「そんなことよりも、もっと大事なことがある」。②「そんなことよりも、もっと面白いことがある」。③「こんなストレスで、寿命を短くしたらもったいない」の三つです。よろしければ、参考にしてみてください。

密教では、どうやって教えを説くのですか？

私たちが、すでに持っている身体、言葉、心を活かして説きます。

密教では人々が本来持っている
三密《さんみつ》（身体・言葉・意《こころ》の三つの秘密の働き）
をもって教えを説くのである。

密は則《すなわ》ち本有《ほんぬ》の三密《さんみつ》を以《もっ》て教と為《な》す。

――弘法大師 空海『続遍照発揮性霊集補闕鈔《しょくへんじょうほっきしょうりょうしゅうほけつしょう》』巻第九

身体、言葉、心を積極的に用いて

弘法大師の説いた「密教」という言葉は知っていても、その内容となると「？・？・？」と感じている方がほとんどだと思います。もちろん密教にはさまざまな側面がありますが、この言葉は密教のある一面をはっきりと表しています。

私が高野山で修めた修行でも、この三密、つまり身口意《しんくい》を用いて、「身体」では手にさまざまな象徴である〝印〟を組み、「口」には聖なる言葉である〝真言《しんごん》〟を唱え、「意（心）」には〝観想《かんそう》〟という、教義に従ったさまざまなイメージを思い浮かべ仏を供養する、ということを繰り返し修法しました。今、日々の修行でもそうです。

仏教ではもともと「三業《さんごう》」を説き、すべての業《ごう》（行為、カルマ）を身口意の三つに分けてきましたし、初期の仏典にも「身について慎しむのは善い。ことばについて慎しむのは善い。心について慎しむのは善い」（『ダンマパダ』三六一、部分抜粋）という言葉が見られます。この中で、「密教」の特色を簡潔な言葉で言うと「身口意」の働きを〝抑え込む〟というよりは、むしろ積極的に〝用いる〟ことにあるのではないかと思います。「抑える」動きと「活かす」試み。この両方に、今を生活する私たちが「生きる」ことにとっても、とても大切なヒントがあるのではないでしょうか。

「身体」と「言葉」と「心」。あなたがなにかの不調を抱えていたり、さらに成長をしたいと思った時、その三つの要素が十分に使えているか、かたよっていないか、チェックをしてバランスをとってみてください。

わからないことは、ありましたか？

ありました。
だから、
前を向きました。

しかし経文を誦《じゅ》しても、一向に理解できない。
そこで教えを求めて中国を訪れようと決心した。

文《もん》に臨むも心昏《くら》し。願つて赤県《せきけん》を尋ぬ。

弘法大師 空海『遍照発揮性霊集《へんじょうほっきしょうりょうしゅう》』巻第七

〝わからない〟からはじめてみる

この言葉もふとしたときによく思い出す言葉であり、大切にしている言葉です。弘法大師は、仏法に自分の道を求めて、ようやく密教経典に出会いますが、そこにとても大切なものが含まれていることを直感しながら、読んでも「一向に理解できなかった」と告白しています。だからこそ未知の世界に足を進めるのだと。私はこの「わからない」ことの表明こそ、お大師様を突き動かした原動力ではないかと感じます。

この言葉にあふれている大切なメッセージを忘れてはならないと思い、私がお寺の住職となった儀式で読み上げる文章の中にも、「私は、〝わからない〟ことを、〝わかった〟としません」という意味の言葉を入れて本尊の前で読み上げました。

人の前に立つと、わからないことでも「わかった」ふりをしてしまうことが、多くはないでしょうか。そして〝人の前〟ではなくても、時に自分自身さえも騙《だま》すように「わかった」ことにしてしまっていることはないでしょうか。「そんなことはないよ」という人は、よく思い浮かべてみてください。

たとえばテレビのニュースで、激しく誰かを批判する言葉に「ホントだよ。ふざけんなよ」と同調するとき、私たちは本当にわずかな情報の中でその感情を得ていることに、時々、寒々しい気持ちになることがあります。「じつは自分にはもっと、わからないことがある」そんな目線を持つことは、私たちが考えている以上に大切です。そして空海さんのように、だからこそ一歩足を前に進める試みをしてみましょうか。

「わからない」ということは、本当は〝よくあること〟です。もっとそれを認め、確認し、むしろ次にとる道を決めるきっかけにしましょう。

風の章

人生を前に進める言葉

どうもうまくいきません……。

場所を変えてみるのも
ひとつの方法。
しかも、もっと大きくて、
あなたが
自由でいられる場所に。

日に千里を走るという麒麟《きりん》を
せまい竈《かまど》のような場所につないでおき、
一度に九万里を飛ぶという大鵬《たいほう》の翼を
せまい囲いの中に押し込めておいたとしても、
神速で走ることを求め、
大空いっぱいに翼をひろげて飛び上がることを求めても、
難しいことでないことがあろうか。

若使《たとい》麒足《きそく》を釜竃《ふそう》に繋《つな》ぎ、鵬翼《ほうよく》を樊籠《はんり》に籠《こ》めて、
其《そ》の滅没を責め、之《これ》を垂天《すいてん》に課せんこと、
豈難《あにかた》からざらん哉《や》。

弘法大師 空海『遍照発揮性霊集《へんじょうほっきしょうりょうしゅう》』巻第四

「場所」と「サイズ」を考えてみよう

先日、新聞で「子供の悩み」についてインタビューを受けました。そのとき、最後に「今、苦しんでいる人も、あなたがこれから出会う人によって、相性や人間関係はがらっと変わることがある。親や先生、同級生、そしてメディアの言葉だけを鵜呑《うの》みにしないで、広い世界がまだあることを知ってほしい」というお話をさせていただきました。

私たちの普段の生活や仕事においても、この空海の言葉は、ある「気づき」を喚起させるものではないでしょうか。もちろん、自分の実力や特技を磨くことも大事ですが、それを「どのような場所」で発揮しようとするか、その両面がすこぶる大事なことです。

たとえば私は今、僧侶《そうりょ》の仕事をしながら本を書いたり、文章を書く仕事をしていますが、学生の頃、文章を褒めてくださる先生がおられる一方で「おまえの文章は、小学生以下だ」と指導を受けたことが何度かありました。思えば、学生時代の私は生意気な振る舞いをすることも多く、先生がそう叱責されたことも、仕方がないことだと思います。

しかしその後、発信する「場所」や「相手」を模索し、むしろ対象を大きく広げることで、多くの方と文章を通じて出会うことができました。

弘法大師は、その〃時〃に応じて、あらゆる「場所」を設定しました。法を求めて日本を離れ国際都市である長安を訪れ、日本で教えを広めるために京都で活動し、静かな修行の地を求めて、深い森の中の高野山に身を置きました。私たちも「場所」とその「サイズ」について、もう一度考えてみてもいいのかもしれません。

「なにをするか、できるか」ということと共に、その「場所」と「大きさ」を吟味してみてください。

うまくいくためのもっとも大切な要素は何でしょうか？

人です。

物の盛んになることと、
すたれることは、
必ずその人による。

物の興廃《こうはい》は必ず人に由《よ》る。

弘法大師 空海『続遍照発揮性霊集補闕鈔《しょくへんじょうほっきしょうりょうしゅうほけつしょう》』巻第十

「人」を忘れていませんか

空海は、日本で初めて庶民に開かれた「学校」を創立した教育者でもあります。その学校である綜芸種智院《しゅげいしゅちいん》に関する文章の中で、出てくる言葉です。シンプルな言葉ですが、この言葉を約千二百年前に生きた空海が残したものだと知ると、お腹《なか》にずしんと響きます。

たとえばあなたや私が会社の経営者だとしたら、組織やサービス内容をよりよくするために仕事の進め方を変えようとしたり、さまざまなシステムを刷新したり、機器を性能のいい物にしたりしようとするかもしれません。しかし弘法大師は、ここでもっとも大事なことは「人」であると、小気味がいいほど断言しています。

もしあなたが、何かに行き詰まっているとしたら、あなたの考えや構想から、生きている「人」や「その心」のことが、抜け落ちてはいなかったか、もう一度じっくり考えてみるのもいいでしょう。

仏典に「どのような友をつくろうとも、どのような人につき合おうとも、やがて人はその友のような人になる。人とともにつき合うというのは、そのようなことなのである」（『ウダーナヴァルガ』第二五章一二）という言葉があります。一生の金言となる言葉です。いい意味でも悪い意味でも、「人」は大きな力となって作用します。誰かの「友達」や「家族」であるはずの私たち自身も、ちょっとギクッとする言葉でもありますね。「人」には「自分」も含まれるのです。

「組織」や「グループ」の中でこそ、ひとりひとりの「人」に目を向けてみましょう。

果てしなく遠くまで行くのには、
どうすればいいですか？

大きなものに、
ついて行きなさい。

鳳《ほうおう》や鵬《たいほう》のように大きな鳥に附《つ》いて行けば、
蚊《か》や虻《あぶ》でも天涯《てんがい》（空の果て）にまで到ることができる。
ものごとが互いに感応し合い助け合う力というものは、
まことに何とも言えないほど素晴らしいことであることよ。

鳳《ほう》鵬《おう》に附《つ》きて天涯《てんがい》に届《いた》る。
感応相《あい》助くるの功、
妙《たえ》なる矣哉《かな》。

弘法大師 空海『遍照発揮性霊集《へんじょうほっきしょうりょうしゅう》』巻第五

師を見つける

「自分の力だけでやりとげる」。それは時にとても大事なことですし、そう宣言したときの気分のよさは自らを高揚させるものです。「自分」という存在の大切さについて、すでにこの本でも書いてきましたね。

しかし時には、自分にはない大きなものを備えている「何か」や「誰か」の存在、発言にも耳を澄ませなければならない、この言葉を知りそんなことを思い浮かべました。

「私」というとても小さな存在でも、その「大きなもの」と旅をともにすることで、大きな景色を観ることができる。それはさまざまな「チーム」を持つ人、あるいは「学問」や「宗教」「芸術」に興味のある人にとっても勇気となる言葉でしょう。

そして「師」を持つことの素晴らしさを知ります。また、その「師」とは決まり切った固定的なものではなく、時に部下や子供のような目下と思っていた人が「師」になり得たり、森や海といった自然、音楽や絵画、小説といった創作物も時に私たちがそう求めさえすれば、じつに豊かに多くのことを語ってくれます。

弘法大師も、独自性を持った教えや思想を語りながら、仏教を説いた釈尊《しゃくそん》、密教の直接の師である恵果阿闍梨《けいかあじゃり》へのほとばしるような敬慕を表明しています。

「称讃してくれる愚者と、非難してくれる賢者とでは、愚者の発する称讃よりも、賢者の発する非難のほうがすぐれている」(『ウダーナヴァルガ』第二五章二三)

「師」の言葉は、時に厳しいものかもしれませんが、それにも〝賢く〟素直でありたいですね。

「自分」の考えや決断を大事にしながらも、時に「より大きなもの」や「すぐれたもの」に教えを請う態度も大切にしたいものです。

勉強で大切なことは何ですか？

専門ばかりに、
かたよらないことです。

寺院の僧侶《そうりょ》は、
一方にかたよって仏教の経典のみを学習し、
大学の秀才は、
仏典以外の書物のみを読みふけっているのが
実情である。

毗《び》訶《か》の方袍《ほうほう》は偏《ひとえ》に仏経を翫《もてあそ》び、
槐序《かいじょ》の茂廉《ぼれん》は空《むな》しく外書《げしょ》に耽《ふけ》る。

弘法大師 空海『続遍照発揮性霊集補闕鈔《しょくへんじょうほっきしょうりょうしゅうほけつしょう》』巻第十

学びの範囲を広げてみよう

空海の創立した学校（綜芸種智院《しゅげいしゅちいん》）に関する文書の中での言葉です。このような現状を見て、弘法大師は新しい学びの場をつくりました。そしてこの言葉は、今を生きる私たちにとっても大切なヒントがあります。

多くの人が、忙しさによってまた「専門」という思い込みによって、だんだん自分が仕事としている分野、あるいは興味があるジャンルのものに学びや遊びを集中していきます。しかし、時に他の分野に興味の対象を広げてみることも、自分の好きなジャンルをより多面的に見るためにも大切です。それは何も道徳的な〝お説教〟ではなく、そこに大きな「楽しさ」や「うれしさ」のヒントがあるのです。

ここにあるような平安時代の僧侶《そうりょ》や学生さんにとっても、たとえば仏教の教えを現実の中で考えるために、他の学問も大変役に立ち、役人になるための実際的な勉強の中で仏教の志、精神を知る、ということも大切であるということは、うなずける話です。これもまた、とても現代的なテーマに繋がる話ですね。

弘法大師は同じ文書の中で、「もし仏道の人で心に仏教以外の典籍を学ばんと願う者があれば、才徳秀でた人、孝廉《こうれん》の士がそれぞれ適宜に伝授せられよ」（現代語訳）と指示を出しています。この具体的な行動が伴うことも弘法大師から私たちが学びたいことのひとつです。

自分の専門性や好きなことを深めたい時こそ、「他の分野」にも興味を広げてみてください。

病人にすぐに必要なものは、何ですか？

頭の中の理論ではなく、現実の薬です。

もし病人に向かって、
病理学や薬学の本をいくら読んで聞かせても、
体内の奥深くにある病源を根治することはできません。
必ずや病いに応じて薬を調合し、
処方箋《しょほうせん》どおりに服用させるべきであって、
このようにしてはじめて病気が消え去り、
生命を保ちながらえることができるのです。

若《も》し病人に対《むか》つて方経《ほうけい》を披《ひら》き談ずとも
痾《やまい》を療するに由《よし》無し。
必ず須《すべから》く病に当つて薬を合はせ、
方《ほう》に依つて服食すべし。
乃《すなわ》ち病患を消除し、
性命《せいめい》を保持することを得ん。

弘法大師 空海『続《しょく》遍《へん》照《じょう》発《ほっ》揮《き》性《しょう》霊《りょう》集《しゅう》補《ほ》闕《けつ》鈔《しょう》』巻第九

理論だけでなく「現実」をチェックしよう

空海は実践の人であり、また思想の人でもありました。それは、治水事業や国家安穏のための祈禱《きとう》、また細やかでかつ多くの著作などからうかがうことができます。

ここで弘法大師は、たとえ話として「病気」の話を持ち出して、病人に向かっていくら高度な病理学や薬学などの〝理論〟のみを語りかけても意味がない、「実際に」薬を調合し、服用させなければ治療することができない、ということを語っています。

私たちも生活や仕事の中で、「考えや言葉」のみで満足し、実際の生活の舞台で具体的な行動や結果には、まるで結びついていないことが結構、多いのではないでしょうか。私も法話で「怒らない」ことの有効性を仏典を紹介しながら語ったあとに、家族に対して大いに怒ってしまったこともあり（！）、耳が痛いです（みなさんは、どうでしょうか)。この言葉にふれて、自分のアイデアや言葉が「現実として」どう着地したのか、チェックする癖をつけたいと思いました。

しかし、このような言葉を紹介すると「弘法大師は、実践を重んじられた。学者のように机上の学問をいくらやっても、ダメだ」ということを話す人も多いですが、それは「空海的スタンス」とは、まったく違うものでしょう。弘法大師は、思想や研究を重視しながら、同時にその成果である実践を重んじたのです。「薬学から薬が生まれる」というその現実も忘れたくはありません。

私たちも「病人に病理学を説き続け、薬を与えていない」ことを無意識に続けていないか、自問してみましょう。私は、心当たりがありました。

火が燃えています。地獄ですよ!

それは河の水です。仏様です。

河を前にして水を見ているのに、
まだ火が燃えさかっているかと思い
仏身のうちにも地獄を見出し
七種の宝玉に対しても
その宝玉であることに気がつかない。

河に臨んで水を見れば火還《また》盈《み》つ
仏身の裡《うち》に地獄を見
七宝の上に玉を看《み》ず。

弘法大師 空海『遍《へん》照《じょう》発《ほっ》揮《き》性《しょう》霊《りょう》集《しゅう》』巻第一

心を変えて見えてくるもの

弘法大師が繰り返し述べる「人間は、ありのままを見ることができていない」という言葉のひとつです。ここでは、別の角度から「本当は目の前にある宝に気づかず、正反対のものに見える」ことを指摘しています。

これは仏教の修行において、煩悩や他者に対する攻撃心にまみれたままで大切な対象を見ても、それに気づかず、むしろ恐ろしいものとして見えてしまう、まずは自身の心を落ちつかせ清めなければ、大切なものが見えてこないという示唆として受け止めるべきでしょう。逆に言えば、「心を変えれば、見えるべきものが見えてくる」ということです。これは仏教の信仰を持たない人にとっても、ヒントのある言葉です。

「自分の心ひとつで、対象が変わって（あるいは正確に）見え始める」ということだからです。そこで大切なのは、時には誰でもない「自分の気持ち」をもっと意識的に感じることです。それが、現代においてさらに必要になってきているのを感じるのです。社会の中で多くの人が指をさし、火や地獄と呼んでいるものは、本当にそうなのか。世の中で「宝」と言われているものは、本当にすばらしいものなのだろうか。まっさらな心で感じる癖をつけてみてください。そして、その〝自分の価値観〟を作り磨くものは、「自分」だけではないことは、言うまでもありません。

皆さんの周りにも、大切な「元々、あるもの」はありませんか？「心を変える」ことが、なかなか難しいようであれば、いつもよりちょっぴり落ちついて、不機嫌になりすぎず、できれば楽しみながら過ごす時間を少しずつでも増やしてきてください。何か見えてきましたか？

弟子の何を称賛しましたか?

人の欠点を突かず、
怒りをこらえるところです。

つつしみ深き口に人の欠点をあげつらうことはなかった。

人の悪口を言わないのはただ阮嗣宗《げんしそう》だけに限っているのではないことは、この智泉《ちせん》をみても明らかであった。

心の怒りを顔に表さず、過ちを繰り返さなかった。

怒りを表さず、あやまちを二度と犯さないのは、顔回《がんかい》のみでないことは、この智泉を見ても明らかであった。

口密《くみつ》非《ひ》無し。豈唯《あにただ》嗣宗《しそう》が之言《これものい》はざるのみならんや。
怒れども也《また》移さず。
誰か顔子《がんし》の弐《ふた》たびせざることを論ぜん。

弘法大師 空海『続遍照《しょくへんじょう》発揮性《ほっきしょう》霊《りょう》集補闕鈔《しゅうほけつしょう》』巻第八

欠点を突かない、怒らない

空海の愛弟子《まなでし》、智泉《ちせん》の死に際して贈った文書の中の、智泉の人格を讃《たた》える中で出てくる言葉です。一般的な道徳のように聞こえるかもしれませんが、この大切な「おくる言葉」に、この内容を織り込んだことに、これらの事柄をいかに弘法大師が仏道修行の中で大切に考えていたかがわかります。「人の欠点を突かず、悪口を言わない」「怒りをぐっとこらえる」そのことについて、卓越した人格が伝えられる歴史的な偉人の名前を挙げながら伝えています。

人が集まり話し始めると、そこにいない人の悪口になることが少なくはありませんが（いや、なんと多いことでしょう！）、私の先輩のある僧侶《そうりょ》は、いつも「まっ、そういう話は本人がいないところではやめておこうよ」とすかさずスマートに言葉を添えることが多く、そんな彼を尊敬しています。

また個人的な話が続いてしまいますが、結婚してから僧侶でもある妻に驚かれたのは、私が日々、結構「怒っている」ことでした。「新たな一面にドキッと惚《ほ》れ直した。〃燃える闘魂〃ね」なんてことはもちろん言われず「カルシウムが足りひんのちゃうか」と関西弁でさらっと言われてしまいました（修行も足りません）。

「ある人にとって力は力であっても、怒ったならば、その力は力ではなくなる。怒って徳行の無い人には道の実践ということが無い」（『ウダーナヴァルガ』第二〇章六）

さぁ、智泉さんを見習って今日は怒りません（たぶん……）。

「人の欠点を突かず、悪口を言わない」「怒りをぐっとこらえる」最近、私はその実践には、「努力」というよりも「ユーモア」のような〃心の余裕〃と〃創造性〃が、大事なのでは？　と思ったりしています。

すべて自分の力でできますか？

誰かの力を借りないと、
できないことがあります。

そもそも、はげしい毒は自分で消すことができない。
これを治療することができるのは名医である。
宝珠《ほうしゅ》はそれ自体が宝にするのではない。
職人がこれを磨《みが》いて宝にする。
名医と職人とはどうして違いがあろうか。
わが大師である仏はたとえていえば、
その名医であり職人でもある。

それ、狂毒、自《みずか》ら解けず、医王《いおう》、よく治す。
摩尼《まに》、自ら宝にせず、工人、よく瑩《みが》く。
いはゆる医王と工人と豈《あに》異人ならんや。
我が大師薄伽梵《ばがぼん》、その人なり。

弘法大師 空海『秘蔵宝鑰《ひぞうほうやく》』

時には誰かの助けを借りて

弘法大師や仏典の言葉にふれていると、意外にも、「自分の力、意志」でやるんだ、という力強い言葉が少なくありません。しかし、この言葉からイメージするのは、自らを助け磨くのは時に自分以外の「親愛なる他者や師」でもあるということです。

空海にとってそれは「薄伽梵《ばがぼん》」（「仏」の尊称であり、とくに釈尊《しゃくそん》を指すことも多い）でした。弘法大師が自らの言葉で、「我が大師」と書かれていることにも注目です。今日にいたるまで、日本中の人たちから「お大師さま」と呼ばれる空海にもやはり大切な「大師」がおられたことに、心が温かくなり感動をおぼえます。

ちなみに一説によるとこの「薄伽梵《ばがぼん》」という語から漫画家、赤塚不二夫さんはかの『天才バカボン』を着想したとも言われています（これでいいのだ！）。

「自分の力」と「他者との共同、助け」のバランスは、いつも簡単な話ではありませんが、「〝自分〟にしかできないことがある」こととまったく同じように「〝誰か〟の助けなしには、成し遂げられない何かがある」ということを、この言葉によって感じました。

「入《にゅう》我《が》我《が》入《にゅう》」（我に入り、我が入る）。修行で学んだ、仏と自己との相互的な関係、動きを示したそんな言葉を思い浮かべます。

困難に出会った時、「自分で解決する方法」とともに、あなたにとっての名医や職人である「誰か」に力を借りることができないか、可能性を模索してみてください。それは、ちっとも恥ずかしいことではありません。

私たち〝生きもの〟は、何を見ているのですか？

見たいもの、
必要なものだけを
見ていることが多いのです。

カラスの目は腐ったものだけを目にし
犬の心は汚物の臭いに酔いしれる。
人間はみな、蘇合《そごう》の香（香の一種）を好み
糞《ふん》ころがしが糞に執着《しゅうじゃく》するように束縛される。

鴉《からす》の目《まなこ》は唯《ただ》腐れたるを看《み》
狗《いぬ》の心は穢《けが》らはしき香に耽《ふけ》る
人《ひと》 皆 蘇合《そごう》を美《よ》みするも
愛縛《あいばく》は蜣蜋《きょうろう》に似たり。

弘法大師 空海『遍照《へんじょう》発揮《ほっき》性霊集《しょうりょうしゅう》』巻第一

心に準備しておきたいこと

人間である私たちは、自分が目にして心が写し出すものが、現実の世界だと思ってしまいますが、じつは自分たちの「見たいものだけ」「欲しているものだけ」「必要なものだけ」を見ている時がある、そんなことを思う言葉です。これは「生きもの」自体が、そういった〝システム〟によって運用されているという理知的な側面を持っています。もちろん世界にあるすべての情報を、私たちひとりひとりの「個」が受けとめていては、日常的な生活を送るのは難しいですから、生きる情報の取捨選択は大切な「フィルター」のようなものであり、生命の防衛機能でもあるでしょう。

仏教においては「過剰な欲望を抑えて、心を落ち着かせて生きる」ということは、やはり大きな側面のひとつにはなりますが、敬虔《けいけん》な修行者のようにほとんどの欲望を抑えた状態ではないにしても、いわばその「途中段階」のような生活態度として、「自分は世界の一部分しか見ることができていない」そして、「見えているものも、多種多様な欲望に引っぱられている」と心のどこかで確認しておくことは、心地よく生きるために大切なことです。

しかし、たとえば普通の生活者の人たちが、恋をしたときに「きゃっ、欲望に引っぱられてるわ」と自制することなどを勧めているわけではなく(もちろん!)、明らかに心身に悪い、巨大な暴力、食欲、支配欲、などに引きずり込まれそうなときに、思い出してほしい言葉、智慧《ちえ》です。

人間の心はさらに複雑で、時に「見たくないもの」「考えたくないこと」が頭から離れないこともあります。これもまたひとつの特性として、悩んだとしても、「そういうことがある」「思考は現実から離れ、暴走することがある」という心の準備をしておきましょう。

「すべては正確に見えていない」そう自覚するだけで、世界を少し冷静に「見る」ことができます。

あなたの伝えた〝密教〟だけが正しい道ですか？

今までの偉大な人は、
知っていたのです。

仏の教えを伝える聖者《しょうじゃ》は、法身の説法たる秘教（密教）を
知らないで、顕教《けんぎょう》（密教以外の仏教）を伝えているのではない。
まだなお時が到っていないことを知って、
後人に譲っているのであり、理由があるのである。
末流の者はこの真相がわかっていない。
それぞれの宗派の自教を正しいこととしており、
四家大乗の宗門人はまだ知っていないとして非難をする。

伝法の聖者《しょうじゃ》秘を知らずして
顕を伝ふるには非ず。
知つて相《あい》譲る、良《まこと》に以《ゆえ》有り。
末学此《こ》の趣を知らず。
人人《ひとびと》自学を以《もっ》て是《ぜ》とし、
家家《いえいえ》未だ知らざるを以て非とす。

弘法大師 空海『続遍照発揮性霊集補闕鈔《しょくへんじょうほっきしょうりょうしゅうほけつしょう》』巻第九

それもあなたが生きる道

とても大事なことを伝えている言葉であると思います。この言葉の中で空海は、自分がもたらした当時の〝最新の仏教〟である「密教」に対して、「密教が素晴らしいのであれば、なぜ今までの聖者は、その道を説かなかったのか」という疑問に答えるためでしょうか、「今までの偉大な仏教の聖者は知らなかったわけではない。知っていて、まだその時ではないと、私たちに譲ったのだ」とし、それをわかっていない者たちが、「自分の宗派だけが正しい。（密教伝来以前の）他の教えは遅れている」と言ってしまうのだ、としています。

これは「宗教」の話題ばかりでなく、私たちの日常的な生活や国際問題にも通じるヒントがありそうです。多くの争いごとは「自分は正しい。ゆえにあなたが間違っている」という者同士の〝口喧嘩《くちげんか》〟から始まるのではないでしょうか（耳が痛いです）。それを相手の意見にも耳を傾け、「あなたのここには一理ある、でもね……」とていねいな言葉を添えるだけで、少しずつ「ゆるむ」こともありそうです。

「世間では、人は諸々《もろもろ》の見解のうちで勝《すぐ》れているとみなす見解を『最上のもの』であると考えて、それよりも他の見解はすべて『つまらないものである』と説く。それ故にかれは諸々の論争を超えることがない」（『スッタニパータ』七九六）

空海も違った場面では「密教の優位性」を饒舌《じょうぜつ》に語りますが、古いこのブッダの言葉を見ても、〝自分の信じる道を展開すること〟と〝他者を認めること〟の同時進行はとても大切です。

時に「自分の道を進むこと」は、大切です。しかしそれが、正確性を欠いた「無用な批判」につながっていないか、気をつけておきましょう。

みんな言いたい放題です。

黙っていましょう。

四角になったり、
まるくなったりする
人間のあり方に対しては、
黙っているほうがいい。

方円の人法《にんぼう》は黙するに如《し》かず。

弘法大師 空海『遍照発揮性霊集《へんじょうほっきしょうりょうしゅう》』巻第一

沈黙の必要なとき

弘法大師の生涯、思想を見渡したときに、多くの事柄が「対《つい》」の構造を持っていると感じることがあります。それは時に宗教的な「聖なるもの」と民衆の生活を視野に入れた「俗」であり、「活発な社会活動」と「静かな瞑想《めいそう》」であり、「細やかで鋭い論理的思想」と「エネルギッシュな身体的修行」であったりします。つまり、一見対極的に思える要素の「どちらか」ではなく、その「両方」を大切にすることで、多面的な思想、行動を展開しました。

ということは、このように短い言葉を引用して、弘法大師の考えを「わかった」ことにしてしまうことは、じつはあまり得策ではありません。その言葉の裏側をかいま見る注意深さも必要です。たとえば、平安時代を中心に活動した弘法大師は、今までの奈良仏教に対して、攻撃的ではありませんでした。その姿は「黙っているほうがいい」といった言葉にも、合致するように思われます。

しかし、同時に弘法大師が「言葉の人」でもあることは、思想、表現、行動のさまざまな面にはっきりと表れています。つまり、ここから私たちが生活に結びつくようなささやかなアイデアを得るとしたら、それは「沈黙」と「言葉」の〝時と場合〟を見極める注意深さでは、ないでしょうか。人には、語るべきタイミングがあり、沈黙すべきときがあるはずです。

「言葉」が大事なときもあり、「行動」が求められるときもあります。そして、何よりも「沈黙」が必要なときがあるのです。「いつ黙っているのか」それも、あなたという人間を作ることです。

空の章

宇宙と仏、そして生死の言葉

人の死は悲しみではないのでしょうか？

悲しみの中の悲しみでした。

ああ哀《かな》しきことよ。哀しきことよ。
哀しみの中の哀しみだ。
ああ悲しきことよ。悲しきことよ。
悲しみの中の悲しみだ。

哀《かな》しい哉、哀《かな》しい哉、哀《あわれ》が中の哀《あわれ》なり。
悲しい哉、悲しい哉、悲《かなしみ》が中の悲《かなしみ》なり。

弘法大師 空海『遍照《へんじょう》発揮《ほっき》性霊《しょうりょう》集《しゅう》補闕《ほけつ》鈔《しょう》』巻第八

かなしみをかなしみで包みこむ

弘法大師が、愛弟子《まなでし》である智泉《ちせん》の死に際して書かれた文章の中で発する言葉です。

「人の死」に出会うこと、愛する人との別れが、空海のような偉大な人物、宗教者にとっても、とてつもない「悲しみ」を与えるのだと知ることができます。しかもその大きな出来事は、一〇〇パーセントひとりの例外もなくわが身にも起こることです。それは考えてみると、ものすごい現実だとあらためて思い知らされます。

大師は、悲しみを吐露しながら、密教の神髄についてこの後、話を進めます。「死の悲しみ」を否定するのではなく、それを認めながら、一方にある覚《さと》りの世界についても忘れない。そういう態度なのです。

僧侶《そうりょ》、住職という役割をしている私は、お葬式などで死の悲しみにふれた家族、友人たちに語りかける機会が多くあります。そのとき、仏教の教えについて触れながらも、「人の死は、悲しむようなことではないという仏教の教えがあります。しかしその一方で、今、悲しみを抱えているとしたら、それは自然なことです。ですから悲しみを、無理に振りほどこうとしないでいいと思うのです。心の底からの悲しみがあるとしたら、それも故人が生きた証《あかし》です」とこの言葉を紹介しながら、声を絞り出すように伝えたことがありました。

また死から数年後、「かなしみを否定せず、もう一度かなしみで大きく包みこもうとすることで、温かな雰囲気を心の中に感じることがあります」と正直に個人的な思いを話したこともあります。

今、あなたが大きな悲しみの中にあるとしても、それを除こうとするのでなく、「悲しみと共にいる」というのも、大切なことでしょう。

でも亡くなった人達が、「あなたにどういてほしいか」と感じているか、いうことは、時々思い浮かべてみてください。大切な人であればあるほど、あなたの「笑顔」や「喜び」を願ってくれているはずです。

人はどうして死んでしまうのでしょうか？

ヨモギを見よ。蘭《らん》を見よ。
太陽が進むその速さを、見よ。

ヨモギは荒地や丘に集まり生え
蘭《らん》の類は山の南に生い茂る
太陽は矢が飛ぶように進み
四季の運行に人は死んでいく。

蒿蓬《こうほう》は墟壠《きょりょう》に聚《あつ》まり
蘭蕙《らんけい》は山陽に鬱《さかん》なり
曦舒《ぎじょ》　矢の如《ごと》くに運《めぐ》り
四節　人をして僵《たお》れ令《し》む。

弘法大師 空海『遍照発揮性霊集《へんじょうほっきしょうりょうしゅう》』巻第一

死を思い浮かべる効用

人の命が、自然の中にあるヨモギや蘭とまったく同じように、四季を重ねていき、やがては「死」を迎えるという言葉です。私たちはどこかで「人間は、特別だ」と思ってしまいますし、ある意味、固有という意味では、それは事実と思われる側面もあるでしょう（たとえば人は、言葉や機械を使うことができ、死者を送る儀礼を行い、花を飾ります）。

しかし一方で、ふと周りを見渡し自分を観察してみると、自分自身も自然界の「ひとつ」であり、すべての存在、生き物たちが日々、生まれ滅してうつろっていくように、その流れからは逃れることができません。「命まで、取られるわけではないし、がんばりなさい」と話す方が時々おられますが、私はよく「誰だって明日死ぬかもしれないのにな……」と考えたりします（イヤな奴《やつ》ですね）。

しかし仏の教えにおいて、「死のことを思い浮かべること」は、「よき側面」があるとされます。「『われらは、ここにあって死ぬはずのものである』と覚悟をしよう。――このことわりを他の人々は知っていない。しかし、このことわりを知る人々があれば、争いはしずまる」（『ダンマパダ』六）

「死ぬことを知らない」と聞くと、「いやいや、知っているよ」と答えてしまいそうですが、「日々、考えないことは知らないことと同じだ」そんなブッダの言葉も聞こえてきそうです。そして、それを知ると〝争いがしずまる〟というのは、どういうことなのでしょうか？　それは、私たちひとりひとりが、渾身《こんしん》の力で考えるべきことなのでしょう。

人は、すべての自然と同じように、いつかこの世界から去って行く。このことを感じることは、とても大事なことです。抱きしめるように、忘れることなく、繰り返し思い浮かべてみましょう。

〃死ぬ〃とは何ですか？

帰ること。

起きてくることを生と名づけ、
帰って行くことを死と呼ぶ。

起るを生《せい》と名づけ、帰るを死と称す。

弘法大師 空海『遍照発揮性霊集《へんじょうほっきしょうりょうしゅう》』巻第四

「生死」の新しい感覚

この言葉も、何度も思い出す言葉です。「生きる」というその時間は、「ある」のが当たり前で、「死ぬ」という先は、未知で特殊な風景のように感じます。しかし、この言葉に触れてじっくり考えてみると、むくっと朝「起き上がる」ように短い「生」の時間を過ごし、「死」はむしろ元いた場所に〝帰って行く〟ということの「呼び名」だとすると、しっくりくる生死の価値観を知ったような気分になりました。

もしかしたら、「あっ、今までも言葉にはできなかったけれど、そういうふうに感じていたんです」と〝思い出すように〟納得した人も少なくはないかもしれません。

「この無明《むみょう》（真理に暗いこと）とは大いなる迷いであり、それによって永いあいだこのように輪廻《りんね》してきた。しかし明知《めいち》（すぐれた智慧《ちえ》）に達した生けるものど

もは、再び迷いの生存に戻ることがない」（『スッタニパータ』七三〇）
　仏教においても多くのグループが輪廻転生を説き（釈尊《しゃくそん》がそれをどう考えてきたかは、さまざまな見解があるようです）、迷いの世界を何度も生まれ変わっていると考えています。つまり、覚って輪廻から脱するのが目的ではありますが、多くの人は覚らないまま生死を繰り返しています。
「死」は帰って行くこと。その言葉から、あなたはどのような感覚を受けとりましたか。
　私は、この大師の言葉を私は繰り返し、お葬式の場で紹介し続けています。もしあなたが、大事な人の死に出会ったならば、「帰るを死と称す」というこの大師の言葉を、何度も思い浮かべてみてください。そして、自分が「帰る」日の事を思い浮かべてみましょう。

〝生きる〟〝死ぬ〟ということがわかりません。

人は、生のはじめに暗く、
死の終わりに冥《くら》い。

生まれ生まれ生まれ生まれて生のはじめに暗く
死に死に死に死んで死の終わりに冥《くら》い。

生れ生れ生れ生れて生の始めに暗く
死に死に死に死んで死の終りに冥《くら》し。

弘法大師 空海『秘蔵宝鑰《ひぞうほうやく》』

仏教の目的地

もっとも有名な空海の言葉と言っていいでしょう。さまざまな場面や、本の中で引用されています。重低音の中での軽快なリズムに乗って、私たちに「生きる」そして「死ぬ」ということの底知れぬ闇《やみ》を思い知らされる言葉です。

何度、生まれ、生まれ、生まれ、生まれても「生きる」ということの始まりにさえ光が差さないし、死んで、死んで、死んで、死んでも「死ぬ」という終わりにも通じていない。なんという言葉でしょうか。

そして、鋭く「本当のこと」を刺すような言葉です。この言葉を、なんだか「暗い」と感じる人もいるようですが、私にとっては、どこか遠くから光が差すような深度を持った優しい言葉でもあります。

「どんなに生きたって、生死のことなんてわからない」そういうふうにだけ感じる人もまた少なくはないようです。しかし、ここには「仏教の目的地」のことがはっきりと示されている、と私は思っています。『生まれることは尽《つ》きた。清らかな行いはすでに完成した。なすべきことをなしおえた。もはや再びこのような生存を受けることはない。』(『スッタニパータ』第三　大いなる章より、部分抜粋)。最古の仏典とも言われる仏典に記されている言葉です。

生死の輪の中を終えて〝再びこのような生存を受けることがない〟。私は、弘法大師もそのような覚りの「場所」のことを詩情の力を用いて伝えてくださっているような気がしてなりません。

しかし、多くの人がこの大師の残した〝わからない〟という「暗闇」に心惹かれ続けていることにも、大事な意味があります。空海は、その暗闇の深さに目を逸らさなかったからこそ、「光」を語ることができたのでしょう。

空《くう》って何ですか？

〝自由自在〟であり
〝大いなる私〟のことです。

これは大いなる「空《くう》」（実体性の否定）である。
大いなる「空」（実体性の否定）は、
大いなる自由自在である。
大いなる自由自在は、
すなわち大いなる私（自我）である。

これ大空の義なり。
大空はすなわち大自在なり、
大自在はすなわち大我なり。

弘法大師 空海『秘密曼荼羅《ひみつまんだら》十住心論《じゅうじゅうしんろん》』巻第七

「空」という大いなる自由

「お経なんて知らないし、読んだことないけど〝般若心経《はんにゃしんぎょう》〟なら、聞いたことがある。おばあちゃんが読んでた」という人もおられるでしょう。そうでなくても、「名前は聞いたことがある」という方もいると思います。

「般若心経」というお経でも説かれているのが、ここで登場する「空《くう》」のことです。「空とは何か」ということを、ここで私が明確に説明できたとしたら「般若心経」も「大般若経」も必要ないかもしれませんので、それはとても難しいことではありますが、弘法大師もそれをとても重視していることは、間違いありません。

ある一面だけでもふれてみると、「空」は〝私〟も〝あらゆるもの〟も、さまざまな他の原因から生じていて、「本当は、それオリジナルの固定された実体なんて持っていないよ」ということです。「〝私〟は、ある意味で幻のようでもあります」と師から伝えられたことがあります。

しかし、その大いなる「空」というものを、「大いなる自由自在」であり「大いなる私」との出会いのようなものなんだとダイナミックに語りかけるのは、とても空海らしく、勇気をいただける言葉です。今、あなたが感じている〝私〟という「枠組み」をもう一度感じ直してみる。そういったことも「仏教的思考」のひとつだと感じることがあります。

「私」というのは、もっと大きなものかもしれないし、普段、私たちが感じているような「はっきりとした」ものでは、ないのかもしれない。そのことを深く胸に納めた時、空海のいう「大自在」が開けてくるのでしょうね。

「私」という言葉が指し示す範囲と、その時と場合によって移りゆく姿を、何度も想像してみましょう。

仏なんて見たことがないので、
いないと思います。

曇った日の世界に、
太陽は存在しないと
思いますか？

太陽や月や星はもともと虚空にあるけれども、雲や霧によっておおいかくされ、煙やちりによって覆《おお》われることがある。愚かな者はこれを見て、太陽や月がなくなってしまったと思う。もともとそなわっている仏身もまたこれと同様なのである。

日月星辰《じつげつせいしん》は
本《もと》より虚空に住すれども
雲霧蔽虧《へいき》し
烟塵映覆《えんじんえいふく》す
愚者はこれを視《み》て
日月なしと謂《おも》へり
本有《ほんぬ》の三身も
またまたかくの如《ごと》し。

弘法大師 空海『吽字義《うんじぎ》』

隠れているもの

シンプルな言葉のように見えて、弘法大師の考えをよく表した言葉です。「自分の中に〝仏〟なんてないよ」とついつい多くの人にとっては〝見えない〟ので、そうも感じてしまいますが、それは太陽や月が、雲や霧に隠れているのを見て、「太陽や月がなくなった」と思ってしまうような、あり得ないことだと述べられています。

このような捉《とら》え方を、生活の中に結びつけて考えてみても、自分の限られた能力、経験の中で〝見えない〟〝見たことがない〟ものを「ない」と決めつけてしまうことは、正確な状況把握ではないし、自分自身の可能性をせばめてしまいます。

現代と昔を比べてみると、私も現代から多くのものを享受しているひとりとして、単純に「昔はよかった」とはまったく言えませんし思いません。しかし、昔の人は「わからない」「見えない」ものが多かった分、「未知のもの」に対する想像力、畏敬《いけい》の念があり、その分私たちよりも〝正確〟に世界を見ていたのではないかと感じることがあります。

私たちは自然科学や技術の発達の中で、自分たちが「知っている」ものだけが「ある」と感じてしまい、本当はあるはずの「見えないもの」に対して鈍感になり、ある意味で「馬鹿」になっているのかもしれません。そして「私」という個人の中にも、「今、ここ」という社会や宇宙の中にも見えないけれど、あるはずの可能性を見つめるものでありたいと思います。

見えないものが、〝ない〟わけではないのです。

心を語るとはどのようなことですか？

空に太陽、月、星が
輝いているようなこと。

浮き雲はどこから現れたのか。
本来それはきよらかな虚空なのだ。
わが一心《いっしん》の世界を語ろうと思うと、
それは日月星の三光が中天に明るく
輝いているようなもの。

浮雲　何《いず》れの処《ところ》よりか出づ
本《もと》是《こ》れ浄虚空《じょうこくう》
一心の趣を談ぜんと欲すれば
三曜　天中に朗《あき》らかなり。

弘法大師 空海『遍照発揮性霊集《へんじょうほっきしょうりょうしゅう》』巻第三

心と宇宙をつなげて

とても美しい言葉です。詩情と存在論がシャープに交錯し、私たちの心の中と宇宙を何度も往復運動するような感動を覚えました。

大空にぽっかり浮かんだ雲を見て、そこに限りない、形のない、重さを持たない、妨げられることのない、そんな清らかな〃虚空〃を見る。仏教や弘法大師の伝えたかったことは、私たちがイメージする「抹香臭《まっこうくさ》さ」のようなものとは対極的なもののように感じます。

「わが一心の世界を語ろうと思うと、それは日月星の三光が中天に明るく輝いているようなもの」この部分が特に何度も思い出す箇所です。自分の心のことを語ろうとすることは、太陽、月、星の三つの光が今日も空に光り輝いているようなこと。私たちは自分と自然をくっきりと分別してしまっていますが、「私たち」もその「心」も正真正銘の大自然であり、宇宙ではないか、そんな空海の言葉が聞こえてくるようです。

一心とは、単に「こころ」を指す言葉でもありますが、「心をひとつに集中すること（またその心）」という意味もあります。弘法大師はここで、心を静かにして、クリアな世界に入っていくことについて、語っているようでもあります。

自分という存在、人という存在と、太陽、月、星のようなあらゆる自然と宇宙が、見えない糸でしっかりと結ばれて、繋がっているということを、イメージしました。それは「信仰」ではなく、世界のあり方のひとつのように、私は思っています。

さとりってどんな感じですか？

本当の意味で楽しいことです。

すみやかに永劫の楽しさに満ちた
さとりの道へいざないたまわらんことを。

早く常楽《じゃうらく》の覚路《かくろ》に遊ばん。

（弘法大師 空海『続遍照発揮性霊集補闕鈔《しょくへんじょうほっきしょうりょうしゅうほけつしょう》』巻第八）

大きな解放感

空海の言葉にふれていると、時々、大事なところで「楽」や「遊」という字が出てきて、なんだかほっとすることがあります。もちろん、昔の漢文で伝えようとしている事と、現代の言葉では、意味合いが異なりますし、修行者としての「楽」や「遊」は、一般的な喜びや遊ぶということとは、次元が異なります。

それでも、弘法大師が「早く楽しさにあふれた、覚りの道を遊ぼう」と呼びかける言葉は、現代に生きる私達にとっても、大きな解放感を感じさせます。

皆さんも、様々な複雑な悩みを抱え、どのような道を進むか迷うことも多いと思います。そのような時、ぜひもう一度、「どうすれば本当の意味で、自分は少しでも楽しいのだろう」という問いかけをしてください。それは単に、あははと笑う楽しさ（素晴らしいことです）もあれば、じーんと深い楽しみ、悲しみの奥にあるような、ささやかな喜びもあるでしょう。

「苦源を知らざれば還本《げんぽん》に心なし」（苦しみの原因を知らないので、本来の世界に帰る心がもてない）という空海の言葉があります。仏教において「自分が苦しんでいること」を感じ、その原因を知り、対処することは、とても大事なことです。

普段の生活の中でも、「苦しみ」の元を論理的に考えることは、大切なことです。しかし、それがはっきりとわかることばかりではありません。「なぜ自分が苦しんでいるかわからない」そういう経験は多くの人にとってあることです。

そんな時、空海の残した「楽」そして「遊」という言葉を思い出してみてください。意外とシンプルな時間と日々の中に、ヒントがあるかもしれません。

仏さまとは誰ですか?

あなたの心の王様のことです。

遮那《しゃな》（大日如来《だいにちにょらい》）は中央におられます
遮那とは誰のよび名か
本来われわれの心のこと。

遮那《しゃな》は中央に坐《ざ》す
遮那は阿誰《たれ》の号《な》ぞ
本《もと》　是《こ》れ　我が心王《しんのう》なり。

弘法大師 空海『遍照発揮性霊集《へんじょうほっきしょうりょうしゅう》』巻第一

心の王様

この言葉も出会う人に、繰り返し伝えることの多い言葉です。

お寺にやって来られた人たちは、〝仏様〟を拝もうとして「仏像」に向けて拝みます。それは、もちろん間違いではないでしょう。そのために仏像を置いているとも言えるのですから（ちなみに最初期の仏教において仏像はなかったと考えられています）。しかし、もう一歩踏み込んでほしいと思い、「お大師様は、〝仏様〟に関する言葉で、こんな言葉を残しておられるんですよ」とこの言葉を紹介します。

「遮那（大日如来）は、誰の呼び名か、本来われわれの心のこと」

「仏様」と言うと、自分とは遠い所にある、手の届かない超越的な存在を思い浮かべる方も多いでしょう。しかしここで空海さんは、端的に「それは、私たちの心にあるものだ」と言われています。虚をつかれたように、人によって驚いたり納得する言葉ですが、弘法大師の「仏教そのもの」とも感じます。

書き下し文の「心王《しんのう》」という言葉を少し詳しく述べると、仏教語で〝心の本体、主体〟という意味があります（ちなみに心王に従って従属的に動く心を心所《しんじょ》といいます）。大師にとって「心の本体」が、仏でした。

あえてさらにシンプルに「仏教とは、私たちの心が、いつもよりちょっとでも優しかったり、智慧《ちえ》を持っていたり強かったりする〝心の王様〟を見つける旅のようなものなのでしょうか」と伝えることがあります。

あなたの心にも、私の心にも、すでに仏様はおられます。

あとがき

この本を最後まで読んでくださって、ありがとうございます。みなさんは、「空海さん」の言葉をどのように受け止められたでしょうか。

人前で法話や講演をさせて頂く時、よく思うことがあります。それは、「もし自分の話を〝退屈だなぁ〟と感じる人がいても、〝この〈ひとつ〉は家に持って帰ろう。憶えておこう〟と思ってもらえるような話がしたい」ということです。読者の皆さんにとっても、「ひとつだけでも憶えておきたい」という言葉に出会えたとしたら、それだけで本書を手に取ってくださった意味があるように感じます。

「この本は〝人生のお守り〟のような本にしたい」いつ頃からか、そんなことを考えながら執筆しました。ですので、もちろん頭から少しずつ読んで頂いても結構ですし、読み終えた後もベッドやトイレに置いて、あるいはバッグに入れて、おみくじを引くように適当なページで開いて頂くのもおすすめです。
また「空海さんをテーマにしたワークショップ（体験型講座）」のような場面を想像しながら書いたこともありました。ですので、例えば読書するだけに留まらず、「一日」「一週間」「一ヶ月」のテーマにひとつの言葉を選んで、「生活の目標」のように実践的に、人生に活かして頂くことも可能です。「自分の設定した目標」と共にあることで、思わぬ気づきがあるかもしれません。

「空海の言葉は矛盾しているんじゃない？」と感じた人もおられるのではないでしょうか。本文でもふれましたが、時に「沈黙」を勧めながら「言葉にすること」の重要性を説《と》き、「目の前の細部にすべてが含まれる」としながらも、「まだ見ぬ大きなところへ進もう」と呼びかける言葉に混乱されたかもしれません。しかし、これもまた大切な弘法大師の思想なのです。「一見、対極的にあるかのように見える〝両方〟を、タイミングや場所を見計らいながら活かす、融合する」そのことに、むしろ豊かな智慧を感じます。「私」と「他者」の関係性もそうです。

弘法大師の言葉を収録するにあたり、『弘法大師　空海全集』（筑摩書房）の書き下し文、現代語訳を中心に用い、ごく一部『定本弘法大師全集』（高野山大学密教文化研究所）、『三教指帰』（福永光司訳、中央公論新社）の漢字ルビ、訳等も用いました。『ダンマパダ』などの初期仏典の言葉は中村元先生訳の引用、参照です（『ブッダのことば』〔岩波文庫〕等）。しかし、できる限り現代の生活者の方が実際によく使う言葉で掲載したいという気持ちから、細かい訳の表現等を改変した部分もあります（「微妙」→「何とも言えないほどすばらしい」など）。

空海の主要な著作は、近年、松長有慶師により『訳注 即身成仏義』『訳注 秘蔵宝鑰』（春秋社）等で解説、現代語訳されており、文庫（角川ソフィア文庫）では加藤精一師の訳も出版されています。この本では、あくまで皆さんの身近な「生活」に焦点を当てましたので、興味があればぜひ全文にもチャレンジしてみてください。

単行本、文庫版に引き続き編集の労をとってくださったのは、徳間書店の野間裕樹さんです。「空海さんの言葉をたくさんの人にポップに届けたい」という彼の熱い思いがなければ、この本が生まれる（そして改訂版として生まれ変わる）ことはありませんでした。当初、想像していたよりもかなり細かく文章に手を入れていますので、『空海さんに聞いてみよう。』を読んでくださった方でも、あらためて読む意味のある本になったと思います。

最後に、この言葉を皆さんで一緒にお唱えしましょう。

「六道《ろくどう》の迷いの世界の生きとし生けるものも、四生《ししょう》の流転《るてん》の生きものも、みな父母であり、飛ぶ小虫、蠢《うごめ》く虫けら、何ひとつ仏性《ぶっしょう》を具《そな》えないものはない（現代語訳）」（六道四生《ろくどうししょう》は皆是《こ》れ父母《ふぼ》なり。蠉飛蠕動《けんぴぜんどう》仏性あらざること無し）（弘法大師空海『続遍照発揮性霊集補闕鈔《しょくへんじょうほっきしょうりょうしゅうほけつしょう》』巻第九）

「怨《うら》みをいだいている人々のあいだにあって怨むことなく、われらは大いに楽し

く生きよう。怨みをもっている人々のあいだにあって怨むことなく、われわれは暮らしてゆこう」(『ダンマパダ』一九七)

今回、紹介させて頂いた弘法大師の言葉が、皆さんの人生の中で輝き、「苦を抜き、楽を与える」きっかけになることを、心から祈っています。

四国八十八ヶ所霊場　第五十七番札所　府頭山　栄福寺

白川密成

引用・参考文献

＊『弘法大師空海全集』（筑摩書房）　弘法大師空海全集編輯委員会編
＊『定本弘法大師全集』（高野山大学密教文化研究所）
密教文化研究所弘法大師著作研究会編
＊『三教指帰』（中央公論新社）　福永光司訳
＊『ブッダのことば』（岩波文庫）　中村元訳
＊『ブッダの真理のことば・感興のことば』（岩波文庫）　中村元訳
＊『釈尊の生涯』（平凡社）　中村元著

本書は2015年9月に刊行された『空海さんに聞いてみよう。心がうれしくなる88のことばとアイデア』（徳間文庫カレッジ）を改題のうえ、加筆修正したものです。

徳間文庫

空《くう》海《かい》さんの言《こと》葉《ば》

心がフッと軽くなる49の智慧

2023年4月15日 初刷

著者 白《しら》川《かわ》密《みっ》成《せい》

発行者 小宮英行

発行所 株式会社 徳間書店

東京都品川区上大崎三—一—一 〒141—8202
目黒セントラルスクエア

電話 編集〇三(五四〇三)四三四九
販売〇四九(二九三)五五二一

振替 〇〇一四〇—〇—四四三九二

印刷
製本 大日本印刷株式会社

ISBN978-4-19-894853-5 (乱丁、落丁本はお取りかえいたします)

徳間文庫の好評既刊

夢枕　獏

沙門空海唐の国にて 鬼と宴す 巻ノ一

遣唐使として橘逸勢とともに入唐した若き留学僧空海。長安に入った彼らは、皇帝の死を予言する猫の妖物に接触することとなる。憑依された役人はすでに正気を失っていたが、空海は、青龍寺の僧とともに悪い気を落とし、事の次第を聞くことになった。

夢枕　獏

沙門空海唐の国にて 鬼と宴す 巻ノ二

妖物が歌ったのは李白の「清平調詞」、約六十年前、玄宗皇帝の前で楊貴妃の美しさを讃えた詩であった。一連の怪事は安禄山の乱での貴妃の悲劇の死に端を発すると看破した空海は、その墓がある馬嵬駅に赴く。墓前には白居易——後の大詩人・白楽天が。

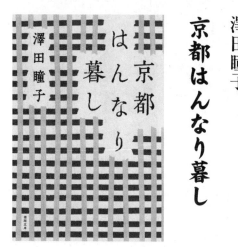